Ulrike Schäfner

Obst für
kleine Gärten

Gärtnern leicht und richtig

Ulrike Schäfner

Obst für kleine Gärten

BLV

Die Deutsche Bibliothek –
CIP-Einheitsaufnahme

Schäfner, Ulrike:
Obst für kleine
Gärten / Ulrike Schäfner. –
München; Wien; Zürich: BLV, 1993
    (Gärtnern leicht und richtig)
    ISBN 3-405-14396-9

BLV Verlagsgesellschaft mbH
München Wien Zürich
8000 München 40

© 1993 BLV Verlagsgesellschaft mbH,
München

Das Werk einschließlich aller seiner Teile ist urheberrechtlich geschützt. Jede Verwertung außerhalb der engen Grenzen des Urheberrechtsgesetzes ist ohne Zustimmung des Verlags unzulässig und strafbar. Das gilt insbesondere für Vervielfältigungen, Übersetzungen, Mikroverfilmungen und die Einspeicherung und Verarbeitung in elektronischen Systemen.

Layout: Anton Walter, Gundelfingen
Lektorat: Katja Holler
Herstellung: Ernst Großkopf

Satz: Weihrauch, Würzburg
Druck: Appl, Wemding
Bindung: Auer, Donauwörth

Printed in Germany
ISBN 3-405-14396-9

Bildnachweis:

Cuveland 23, 62, 78/79
Eberle 26, 27, 50 l, 52, 53, 54, 59, 60, 63, 64, 66, 70, 82, 85, 90
Hapo 2 l, 40, 71, 86, 88/89
Niehoff 10, 58, 80, 87
Pfletschinger 18, 19, 20, 21 r
Pflanzen Hofmann 77
Kopp/Sulzberger 22, 24
Redeleit 2/3, 29
Reinhard 2 r, 3, 6/7, 12, 14/15, 28, 30, 34, 36, 37, 39, 42, 45, 47, 57, 65, 69, 72, 73, 74/75, 75, 76, 80 u, 83, 84, 91, 92/93, 94, 95
Seidl 81
Stangl 44
Strauß 9, 11, 17, 25, 32, 33, 38/39, 46, 50 r, 51, 55, 56, 68/69, 98/99
Sulzberger 4, 13, 37, 41, 43, 48/49, 61, 67
Zunke 21 l

Grafiken: Manuela Hutschenreither,

Umschlaggestaltung: Studio Schübel,
München

Umschlagfotos:
Vorderseite: Hapo
Rückseite: Strauß, Eberle

INHALTSÜBERSICHT

6 Einführung
Welche Obstart ist die richtige? — 6
Der Baumkauf — 8

10 Grundlagen
Obstbäume pflanzen und pflegen — 10
Ernährung der Obstbäume — 12
Obstbäume richtig pflegen — 14
Pflanzenschutz — 18

22 Steinobst
Süßkirsche — 22
Sauerkirsche — 28
Pflaume, Zwetschge, Mirabelle, Reneklode — 30
Aprikose — 33
Pfirsich, Nektarine — 35

38 Kernobst
Apfel — 38
Birne — 46
Quitte — 52

54 Beerenobst
Erdbeere — 54
Preiselbeere — 56
Heidelbeere — 57
Johannisbeere — 58
Stachelbeere — 62
Jostabeere — 65
Himbeere — 66
Taybeere — 69

Loganbeere — 69
Japanische Weinbeere — 69
Brombeere — 70
Weintraube — 72
Kiwi — 74

78 Nüsse
Haselnuß — 78

82 Wildobst
Mispel — 82
Kornelkirsche — 83
Rosen — 84
Schwarzer Holunder — 86
Sanddorn — 88
Apfelbeere — 90
Süße Eberesche — 92

94 Topfobst
Obst in Töpfen und Kübeln — 94
»Balkon- und Terrassenfrüchte« — 94
Ballerinas tanzen auf — 96

98 Register

EINFÜHRUNG

Welche Obstart ist die richtige?

Da ist zunächst die Idee, »nein, keine Zierkirsche, eine mit Früchten soll es sein oder vielleicht doch ein Apfel? Aprikosen vom eigenen Baum – das wär's!« So geht das eine Weile hin und her. Der ersten freudigen Begeisterung weicht die ernüchternde Qual der Wahl. Ein Aprikosen-Apfel-Kirschen-Baum würde das Problem lösen. Da die Natur im Moment vollauf damit beschäftigt ist, all das zu retten, was sie bis jetzt auf Beine und Wurzeln gestellt hat, bleibt ihr keine Zeit, diesen Sonderwunsch zu erfüllen. Also alle drei pflanzen?

Licht und Luft

Bevor Sie mit dem Maßband durch den Garten eilen und jede Lücke bis auf den letzten Millimeter vermessen, halten Sie einen Moment inne und betrachten Sie die Lage. Eingezwängt in die schattige Ecke zwischen Garage und Hauswand, mehr Kieselsteine als Erde um die Wurzeln – da mag sich ein Obstbaum noch so anstrengen, das wird nichts. Damit die Früchte ausreifen, brauchen sie viel Sonne, nicht unbedingt von morgens um 6 Uhr bis abends um 10 Uhr, aber ab dem späten Vormittag sollte das Schattendasein beendet sein. Düstere Nischen überläßt man besser Pflanzen, die keinen Ehrgeiz entwickeln, mit süßen, aromatischen Früchten zu locken. Efeu gedeiht an einer Nordwand prächtig, während ein Aprikosenspalier dort allenfalls ein paar saure Apriköschen trägt.

Als Faustregel gilt, der sonnigste und luftigste Platz im Garten bleibt den Obstgehölzen vorbehalten. Blätter und Früchte trocknen nach einem Regen schneller ab, und krankmachende Pilze haben das Nachsehen, wenn eine sanfte Brise ungehindert durchs Geäst streichen kann. Die Betonung liegt auf sanft, von windgepeitschten Lagen ist hier nicht die Rede.

Zwetschgen, Holunder, Brombeeren, Mirabellen ... – auch kleine Bäume liefern volle Erntekörbe.

EINFÜHRUNG

Boden und Platzbedarf
Gartenboden und Gartengröße spielen eine zweitrangige Rolle. Auf sauren, ständig überfluteten Wiesen oder auf einer Geröllhalde wird niemand einen Garten anlegen, und alle anderen Böden lassen sich mit Gründünger, Kompost sowie Mulchen soweit verbessern, daß den Boden keine Schuld trifft, wenn die Ernte ausbleibt. Auch magere, flachgründige Hangböden gewinnen auf diese Weise langfristig an Fruchtbarkeit.
Platz ist im kleinsten Garten, sei es für eine Reihe Himbeeren, Erdbeeren, eine 'Weiki'-Kiwi am Zaun, ein Birnenspalier an der Hauswand oder eine Apfelbeere neben der Sitzecke. Fast jede Obstart gibt es in schwach wachsender, niedriger Ausgabe, Apfel, Birne, Kirsche und einige andere sogar in verschiedenen Größen. Nur Walnußbäume sind nicht klein zu kriegen.

Die Qual der Wahl
Wer sein Obst im Supermarkt kauft und glaubt, er könne im neu erworbenen Garten diese makellosen Riesenäpfel oder kernlosen Traubengiganten ziehen, der irrt. Die meisten dort angebotenen Sorten brauchen mehr Sonne und Pflege als wir ihnen bieten können. Kein Grund traurig zu sein, denn die Äpfel und Trauben mit dem besten Aroma, mit einem ausgewogenen Zucker-Säure-Verhältnis, wachsen in unseren mäßig warmen Breiten, wo es am Tag warm und nachts kühl ist. Viel Sonne bedeutet viel Zucker. Die für den Geschmack verantwortlichen Fruchtsäuren bilden sich nur bei kühleren (Nacht-)Temperaturen in ausreichender Menge. Nachtkühle bewirkt auch eine schöne Rotfärbung der Apfelschale.
Mit drei Haselnußbüschen oder einer Quitte und zwei Beerensträuchern ist mancher Garten gut gefüllt.
Obwohl Obstbüsche und Minibäume wenig Platz beanspruchen, werden nur einige priviligierte Gärtner in der glücklichen Lage sein, all die Obstarten zu pflanzen, die sie sich wünschen. Es gilt abzuwägen und eine Wahl zu treffen. Stachelbeeren, Apfelbeeren und Kirschen anbauen, Äpfel und Birnen weiterhin im Laden kaufen? Vielleicht doch noch Platz schaffen für zwei frühreifende Sorten, 'Klarapfel' und 'James Grieve'? Gerade beim Apfel

EINFÜHRUNG

stehen sehr viele Sorten zur Auswahl. Für Anfänger empfehlen sich die robusten, wenig krankheitsanfälligen Sorten, auch wenn deren Früchte oft nur zweite und dritte Preise gewinnen.
Wer Obst lieber ißt als erntet, geschweige denn pflegt, dem seien anspruchslose (Wild-)Obstarten wie 'Weiki'-Kiwi, Haselnuß, Sanddorn, Apfelbeere empfohlen.
Wer die Kosten für eine Gartenschere nicht scheut, aber mangels Vertrauen in die eigenen Fähigkeiten den Umgang mit ihr, der ist mit Beerensträuchern oder Himbeeren gut bedient, weil sie einfach zu schneiden sind.
Wer ehrgeizig ist, bereit zum Lernen und Ausprobieren, der wird an einem Birnenspalier oder einer Apfel-Hecke seine Freude haben.

Der Baumkauf

Glaubt man manchen Obstbaum-Verkäufern, gibt es keine besseren Sorten als jene, die sie im Sortiment haben, alle anderen werden entweder von Insekten aufgefressen oder von Pilzen zersetzt, sie tragen schlecht – und wenn, Früchte ohne Aroma. Je geringer das Angebot, desto größer die Beredsamkeit. Bevor man seine Obstgehölze kauft, sollte man sich umhören, wie die Nachbarn mit ihren Bäumen zufrieden sind, welche Sorten Gartenbauverein oder der zuständige Gartenbauberater empfehlen, welche an das örtliche Klima und den Boden angepaßt sind, ob es gute, nur in der Region verbreitete Sorten gibt.
Wer sich anschließend trotzdem in einem Baumarkt oder Gartencenter, wo vielleicht fünf Apfelsorten zur Auswahl stehen, zwei davon aufschwätzen läßt, ist selbst schuld. Ein größeres Angebot und bessere Beratung bieten Obstbaumschulen. Dort verkaufte Bäume wurden in der Regel unter den örtlichen Klima- und Bodenbedingungen angezogen, erleiden keinen Ortswechsel-Schock wie die Holland-Ware aus dem Baumarkt. Wenn der Verkäufer behauptet, daß ein 'Golden Delicious' nur im Weinbauklima ausreift, ein 'Cox Orange'-Apfel gleichmäßige Feuchte oder ein Hochstamm 8–10 m Platz braucht, dann stimmt das.
Bevor Sie nach dem Stachelbeer-Hochstämmchen, dem 'Klarapfel'- oder Pfirsichbusch greifen, sollten Sie zumindest einige der folgenden Fragen stellen:

- Wie hoch und breit wird der Baum?
- Für welche Erziehungsform (Hecke, Busch, Spalier, Spindel) eignet er sich?
- Wie kommt er mit den Klimabedingungen zurecht, die Sie ihm zumuten möchten? Verträgt er trockene (nasse) Sommer?
- Stellt er besondere Ansprüche an den Boden, sauer, kalkhaltig, schwer-lehmig, leicht-sandig? Schildern Sie Ihren Gartenboden oder sagen Sie dem

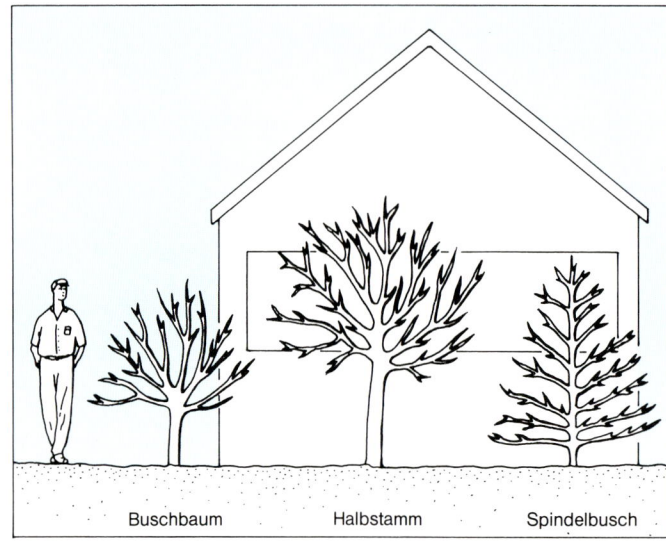
Buschbaum — Halbstamm — Spindelbusch

Aufgepaßt beim Baumkauf! Von der Unterlage hängt ab, wie stark der Obstbaum wächst. Die Erziehungsform, ob Spalier, Spindel oder Busch, bestimmen Sie mit der Schere.

EINFÜHRUNG

Verkäufer, wo Sie den Baum pflanzen wollen, oft kennen die Baumschuler die Bodenverhältnisse der näheren Umgebung.
- Reicht der baumeigene Pollen zur Bestäubung?
- Ist es besser, eine zweite Sorte zu pflanzen?
- Nach wie vielen Jahren sind gute Erträge zu erwarten?
- Für welche Krankheiten und Schädlinge ist diese Obstart, diese Sorte anfällig?
- Ist der Baum frei von den wichtigsten krankmachenden Viren (virusgetestet)?
- Wie schmecken die Früchte, wie groß werden sie? Eignen sie sich zum Frischverzehr, Lagern, Backen ...?
- Neugierige fragen, auf welche Unterlage die Sorte veredelt wurde und lassen sich deren Vor- und Nachteile erklären! (Bodenansprüche, Einfluß auf Fruchtqualität ...)

Baumformen

Wie hoch eine Baum wird, hängt von der Veredlungsunterlage ab. Apfelhochstämme stehen auf anderen Unterlagen als Buschbäume. Gleiches gilt für Kirschen, Birnen oder Zwetschgen. Für kleine Gärten kommen in der Regel nur Spindel- oder Buschbäume in Frage, deren Äste in 40–60 cm Höhe ansetzen. (Halbstämme 100–120 cm, Hochstämme 160–180 cm) Johannisbeer- und Stachelbeer-Stämmchen gibt es in zwei Varianten, Fuß- und Hochstämme (40–50 cm bzw. 80–90 cm).

Rote Johannisbeeren aus eigener Ernte. Die Büsche benötigen wenig Platz und Pflege.

Bäume im Topf

Wer sich für Gehölze im Topf entscheidet, kann diese zu jeder beliebigen Jahreszeit, außer im Winter, pflanzen. Dafür muß er mehr Geld zahlen, nimmt außerdem in Kauf, daß der Baum im engen Container statt einer senkrecht geraden Wurzel eine ringelnde bildet. Einmal Ringelwurzel, immer Ringelwurzel. Damit nach dem Pflanzen die Ringelei aufhört, sollte der geringelte Teil der Wurzel abgeschnitten werden. Bäume mit Ringelwurzel wachsen schlecht und fallen wegen der geringen Verankerung im Boden bei stärkeren Winden um.

Auf Qualität achten

Auch aus Mitleid sollten Sie keine schief gewachsenen Bäumchen oder Büsche kaufen, die Veredlungsstelle (Knubbelchen am Stamm) muß gut verheilt sein, die Rinde glatt und gesund, die Wurzel kräftig. Pflanzen, deren Rinde aufgeplatzt ist, die Wunden oder geknickte Zweige haben, lassen Sie besser in der Baumschule.
Bitten Sie den Verkäufer, daß er die Triebe so zurückschneidet wie es sich vor der Pflanzung gehört. Oder hören Sie ihm genau zu und führen den Pflanzschnitt zu Hause selbst aus.

GRUNDLAGEN

Obstbäume pflanzen und pflegen

Pflanztermin
Blattlose Gehölze verdunsten kaum Wasser und überstehen deshalb Wurzelverluste, ohne gleich zu verdursten. Die günstigste Pflanzzeit ist im Herbst nach dem Laubfall oder im Frühjahr vor dem Austrieb. Robuste, heimische Obstgehölze, denen Schnee und Kälte wenig ausmachen, sollten spätestens bis Mitte November im Boden sein, damit sie während der letzten milden Tage des Jahres noch möglichst viele neue Wurzeln bilden und im Frühjahr kräftig austreiben. Der Herbsttermin ist besonders für Gebiete zu empfehlen, wo es im Sommer wenig regnet, damit die Gehölze von den Winter-Niederschlägen profitieren. Pfirsich und anderes heikles, wärmeliebendes Obst, kauft und pflanzt man risikoloser im Frühjahr. In rauhen, windigen Lagen, wo der Winter früh zuschlägt, oder auf nassen, schweren Lehmböden wartet man ebenfalls bis März, April, bis der Boden aufgetaut und leicht erwärmt ist.

Bunte Blumenpracht auf der Baumscheibe: Studentenblumen sehen hübsch aus und fördern die Bodengesundheit.

GRUNDLAGEN

> Viele scheuen die Mühe, oder sie wird einfach vergessen: die Gründüngung. In grüngedüngten, lockeren, nährstoffreichen Böden wachsen die Bäume besser und schneller an. Bei Herbstpflanzung sät man im Frühjahr, bei Frühjahrspflanzung bis Mitte, Ende September Ölrettich, Senf, Raps, Wicke oder Kleearten.

Pflanzung vorbereiten

Wenn Sie mit Ihren »wurzelnackten« Birnen- oder Apfelbäumchen von der Baumschule kommen, sollten Sie verletzte, verfranste, ringelnde Wurzeln glatt (nicht schräg) abschneiden. An den gesunden wird nicht herumgeschnitten. Stellen Sie die Pflanzen für einige Stunden in eine Wanne mit Wasser. Sie nutzen währenddessen die Zeit und heben die 50–70 cm tiefen und breiten Gruben aus. (Früher galt als Maß 1 m, wenn Sie diese schweißtreibende Arbeit auf sich nehmen, um so besser für die Wurzeln.) Halten Sie die Abstände ein, die Ihnen in der Baumschule genannt wurden. Zu eng stehende Bäume beschatten sich gegenseitig und wachsen deshalb steil nach oben, immer dem Licht entgegen.

Das Pflanzloch muß mindestens doppelt so groß sein wie der Wurzelstock. Eingequetschte und einzementierte Wurzeln können keinen Baum ernähren.

Mit einer Grabgabel lockert man die Sohle der Grube und füllt abgelagerten Kompost ein. Wenn man es gut mit den Bäumen meint, vermischt man den Kompost mit einigen Handvoll Gesteinsmehl und, falls man hat, pilzhemmender Holzasche. Stützpfähle vor dem Pflanzen einschlagen.

Wenn die Löcher vorbereitet sind, haben Sie sich eine Pause verdient. Allerdings nicht zu lange, denn nach drei, vier Stunden ist der Durst der Wurzeln gestillt, und sie lechzen nach Luft.

Setzen Sie die Bäume gerade in die kompostgefüllte Grube, die Wurzeln dabei nicht knicken oder quetschen, und achten Sie darauf, daß die Veredlungsstelle etwa 10 cm über dem Grubenrand bleibt. Füllen Sie mit der ausgehobenen Erde auf, rütteln Sie am Stamm, damit keine Hohlräume entstehen. Treten

Grube ausheben, je schlechter der Boden, desto tiefer; Pfahl einschlagen; Baum setzen, mit einem quer gelegten Stab prüfen, ob die Veredlungsstelle über dem Bodenniveau liegt; mit einer 8er-Schlinge Stamm anbinden und kräftig gießen.

GRUNDLAGEN

Sie die Erde fest (nicht zu fest, damit die Wurzeln noch Luft bekommen und nicht bei nassem Boden!) und formen Sie dabei am äußeren Rand einen kleinen Wall, so daß das Wasser nicht davon läuft. Gründlich gießen und Wurzeln einschlämmen. Zu guter Letzt eine dicke Mulchschicht auf die Baumscheibe legen.

Wenn das Wetter stimmt – warm und feucht – wuchert die Kapuzinerkresse die Baumscheibe rasch zu und blüht üppig.

Ernährung der Obstbäume

Mulchen

Nackter Boden trocknet während der heißen Sommermonate rasch aus und verkrustet, so daß die Wurzeln unter Wasser-, Nährstoff- und Sauerstoffmangel leiden. In regenarmen Jahren trocknet der Boden unter einer dicken Mulchschicht zwar ebenfalls aus, aber es verdunstet weit weniger wertvolles Wasser, und man muß längst nicht so viel gießen wie bei unbedecktem Boden. Mulch fördert die Bodenlebewesen, indem er ihnen als Nahrung dient. Humus lockert langfristig selbst schwere, schmierige Böden. Er hilft, im Boden festgelegte Nährstoffe freizusetzen und dient den Wurzeln in Verbindung mit Tonteilchen (Ton-Humus-Komplex) als Nährstoffdepot. Im Bodenwasser schwimmende Nährstoffe, die entweder beim Zersetzen des Mulchs entstanden sind oder über Dünger zugeführt wurden, docken locker am Humus an und verhindern so ihre Auswaschung in tiefere Bodenschichten. Weil Humus außerdem Wasser wie ein Schwamm aufsaugt, geht weniger in den Untergrund verloren, wovon wiederum die Wurzeln profitieren.

GRUNDLAGEN

Zum Mulchen der Baumscheibe eignen sich alle organischen Materialien: Laub, Jätegut, Stroh, Gemüseabfälle (Möhrenlaub, Kohlrabiblätter, Erbsenstroh), Grasschnitt mit holzigem Material gemischt, Rindenmulch.

Da sich nicht nur Wurzeln, sondern auch Wühlmäuse unter einer dicken Mulchschicht wohl fühlen, empfiehlt es sich, regelmäßig auf Gänge zu kontrollieren. Junge Bäume bis an den Stamm mulchen, bei älteren etwa zehn Zentimeter Abstand halten. Nur die im äußeren Kronenbereich und darüber hinaus befindlichen feinen, weißen Würzelchen nehmen Nährstoffe auf. Die starken Wurzeläste, die gelegentlich in Stammnähe aus dem Boden schauen, dienen nur zum Verankern. Lastet feuchtes Mulchmaterial auf ihnen, öffnet dies Pilzen und Bakterien Tür und Tor.
Wenn nicht ausreichend Material zum Mulchen zur Verfügung steht, sollte man versuchen, die Baumscheibe mit lebenden Pflanzen zu bedecken.

Baumscheibe bepflanzen
Profi-Obstbauer, die vom Verkauf der Früchte leben, würden niemals ihren Obstbäumen Nährstoff- und Wasserkonkurrenten auf die Wurzeln setzen, im Hausgarten ist der Platz jedoch knapp, und wer könnte da einer leeren Baumscheibe widerstehen? Wenn man darauf achtet, nur Pflanzen mit flachen Wurzeln oder Zwiebelblumen wie Maiglöckchen oder Trau-

Manche düngen im Herbst; besser ist es, den Kompost im Frühjahr zu geben.

benhyazinthen zu verwenden, tut man dem Obstbaum nicht unrecht. Die feuchtigkeitsliebende Kapuzinerkresse wuchert innerhalb kurzer Zeit den Boden zu. Auch niedrige Kräuter kann man auf die Baumscheibe pflanzen: Zitronenmelisse, Petersilie, Schnittlauch, Thymian. Sie erfüllen nicht nur einen Zweck, sondern sehen auch noch hübsch aus. Damit sie dem Baum nicht zu viel Wasser und Nährstoffe rauben, müssen die Kräuter, allen voran die Zitronenmelisse, regelmäßig kurz geschnitten werden. Wer's lieber bunt mag, wirft eine Handvoll Ringelblumensamen gut verteilt auf die Baumscheibe, pflanzt Studentenblumen *(Tagetes)* oder flachwurzelnde Polsterstauden wie Blaukissen. Im

Herbst können Spinat oder Feldsalat den Boden begrünen. Ob sich Wühlmäuse durch Knoblauch auf der Baumscheibe vertreiben lassen, ist ungewiß, aber die Baumwurzeln fühlen sich wohl in seiner Gemeinschaft.
Gemulchte oder bepflanzte Baumscheiben verhindern, daß übermäßig Bodenwärme in die Umgebung abgestrahlt wird. Das ist oft von Vorteil. Im Frühjahr, wenn die Bäume blühen und die Temperaturen nachts unter Null Grad sinken, steigt aus offenem Boden Wärme in den Kronenbereich und rettet so manche Blüte vor dem Erfrieren. In spätfrostgefährdeten Lagen sollte man deshalb vor der Blüte den Mulch entfernen. Dies gilt für alle Obstarten – die Beerensträucher ausgenommen. Deren Wurzeln kriechen sehr flach an der Oberfläche und wollen das ganze Jahr bedeckt bleiben.

Düngen
Mit grünem, krautigem Material gemulchte Obstbäume brauchen auf fruchtbaren Böden keinen zusätzlichen Dünger. Viele Gartenböden sind sehr gut mit Phosphor und Kalium versorgt. Auf einen aufputschenden Stickstoff-Cocktail legen weder Obstgehölze noch das nitratbelastete Grundwasser Wert. Als langlebige, verholzte Pflanzen gedeihen Obstbäume sehr gut, wenn die Nährstoffquelle während der Vegetationszeit ständig und gleichmäßig sprudelt. Mulch oder andere

GRUNDLAGEN

organische Dünger (Hornspäne), die sich langsam zersetzen und ihre Nährstoffe nach und nach abgeben, erfüllen diese Bedingungen. Auf weniger fruchtbaren Böden gibt man im Frühjahr, ab Ende Februar auf die schneefreie und aufgetaute Baumscheibe einige Schaufeln Kompost oder verotteten Mist oder zwei, drei Handvoll Hornspäne. Alle drei können leicht eingeharkt und sollten mit einer dünnen Mulchschicht abgedeckt werden. Drei Eimer reifen Komposts genügen für eine 1–2 m² große Baumscheibe, auch für eventuell später gepflanzte Kräuter und Blumen. Wer frischen Kompost 10 cm dick aufträgt, tut zuviel des Guten. Im Zweifelsfall den Boden untersuchen lassen und sich nach den Düngeempfehlungen richten. Lieber zu wenig düngen als sich nachher über stark treibende, pilzbefallene Bäume ärgern, die wenig tragen.

Gesteinsmehle sind reich an Spurenelementen sowie Kieselsäure, die die Zellwände kräftigt und die Widerstandskraft gegen Krankheiten und Schädlinge erhöht. Entweder man pudert gelegentlich etwas davon zwischen die Mulchschicht oder arbeitet eine Handvoll davon mit dem Dünger in den Boden ein.

Holzasche enthält viel Kalium, Magnesium, Phosphor und Kalk, sollte jedoch nicht in großen Mengen über Jahre verwendet werden, um eine Festlegung anderer Nährstoffe im Boden zu verhindern. Die Ergebnisse von Bodenuntersuchungen läuten rechtzeitig die Alarmglocken. Ruß und Brikettasche darf aus gesundheitlichen Gründen im Garten nicht verwendet werden. Ruß enthält krebserregende Stoffe, Kohleasche das Schwermetall Cadmium.

Gießen

In trockenen Jahren und Gegenden reicht trotz verdunstungshemmender Mulchschicht der Regen nicht aus, um Bäume und Früchte über den Sommer zu retten. Das heißt, die Bäume schaffen es mehr recht als schlecht, rollen die Blätter nach oben, um die Verdunstungsfläche zu verkleinern. Die Früchte bleiben klein, werden vorzeitig reif und oft sogar abgeworfen.

Wer seine Obstbäume im Sommer täglich gießt, macht etwas verkehrt. Zehn Liter Wasser dringen kaum 5 cm tief in den Boden ein, sie verdunsten rasch, ohne daß die Wurzeln davon profitieren. Entweder man legt am späten Nachmittag oder Abend, wenn die Sonne nicht mehr brennt, einen Schlauch auf die Baumscheibe und läßt das Wasser über mehrere Stunden mehr tröpfeln als rauschen. Oder man gießt drei bis fünf Kannen Wasser langsam, in Abständen, auf die Baumscheibe, nicht an den Stamm. Wichtig ist, daß das Wasser einsickert und bis in tiefere Bodenschichten vordringt, anstatt oberirdisch abzulaufen und den Boden zu verschlämmen.

Obstbäume richtig pflegen

Schutz vor Blütenfrost

Gut genährte und gewässerte Bäume blühen reichlich. Bei kleinen Bäumen und Sträuchern lohnt es sich, Blüten und

14

GRUNDLAGEN

Fruchtansätze mit leichten Decken, Stoff- oder Papiersäcken, Schilfmatten und ähnlichem vor Spätfrösten zu retten. Temperaturen bis minus fünf, sechs Grad kann man damit ausgleichen. Polyethylenfolien eignen sich nicht, denn sie lassen die Wärme bzw. Kälte ungehindert passieren. Der Frostschutz muß tagsüber entfernt werden.

Ausdünnen

Hängen die Bäume auch nach dem Junifruchtfall sehr voll, entfernen pfiffige Gärtner einen Teil davon, damit die verbliebenen besser versorgt und größer werden. Zuerst knipst man mit der Hand oder der Schere die kranken Früchte aus, dann folgen die kleinen und mittleren. Alle Handbreit eine Frucht, heißt es, wenn an nur drei Ästen dichtgedrängt zwanzig Äpfel hängen, sollte man von diesen allerdings die Finger lassen. Zum Ausprobieren und um die Wirkung zu erkennen, empfiehlt es sich, zwei Bäume oder zwei Äste unterschiedlich stark auszudünnen.

Baumschnitt

Steinobst und Beerensträucher vertragen den Schnitt im Sommer, nach der Ernte, am besten. Apfel und Birne werden an einem frostfreien Tag im Januar oder Februar geschnitten. Sachgerecht geschnittene Bäume neigen weniger zu Überbehang als vernachlässigte. Alte, kranke, tote Zweige schneiden, alle Zweige, die nach innen wachsen sowie zu dicht stehende, aneinander scheuernde. Je nachdem, ob man sich für Hecke, Spalier, Spindel (für Fleißige und Geübte) oder Buschbaum entscheidet, die alle in kleine Gärten passen, wird man unterschiedlich schneiden. Bereits vor dem Baumkauf sollte die Erziehungsform feststehen, damit der Baumschulverkäufer die richtige Sorte auf der passenden Unterlage empfehlen kann.

Bevor man als Anfänger beim ersten Schnittversuch einen Baum vollständig zerstückelt, holt man sich besser fachmännischen Rat. Schnitt-Ungeübte lernen diese Kunst in einem Schnittkurs an der Volkshochschule oder beim örtlichen Gartenbauverein sowie durch Üben, Üben, Üben. Geschnittene Bäume beobachten und gegebenenfalls beim nächstenmal Fehler korrigieren. Die Wunden mit Baumwachs verstreichen. Junge Bäume lassen sich nicht durch kräftigen Schnitt dazu überreden, früher als vorgesehen zu blühen und zu fruchten. Sie treiben noch stärker, noch steilere Triebe und vergessen das Blühen völlig. Je waagrechter die Äste stehen, desto früher kommen die Bäume in den Ertrag. Steil stehende Äste abspreizen oder Herunterbinden (Schnur um Ast und schweren Stein binden, Stein auf den Boden legen), das bringt die Bäume in Blühstimmung.

> Zerkleinern Sie das Schnittgut, bevor Sie es kompostieren. Je kleiner, desto besser. Hacken Sie es mit einem Beil in handliche Stücke, oder benutzen Sie die Schere. Manche Gemeinden stellen auch Häcksler bereit.

GRUNDLAGEN

Die Pflanzabstände

Von der Obstart, der Unterlage, von Boden und Schnitt hängt ab, wie groß ein Obstgehölz wird. Erdbeeren, Himbeeren beanspruchen weniger Raum als Kopfkohl, Spindelbäume weniger als üppige Rhabarberstauden. Während die traditionellen Beerenarten, Johannis- oder Stachelbeeren genügsam sind, wuchern Haselnüsse oder Sanddorn, wenn man sie läßt. Die niedrigen Baumformen haben den Vorteil, daß Ernte, Schnitt, Pflanzenschutz und sonstige Pflege ohne Verrenkungen und oft mit mehr Erfolg zu bewältigen sind als bei Hochstämmen. Droht ein Baum oder Strauch zu sehr in den Himmel zu wachsen, sollte man nicht zögern, zu Säge und Schere zu greifen und die Spitze oder starke Strauchäste zu entfernen. Auf mageren, trockenen Hangböden bleiben die Pflanzen kleiner als auf tiefgründigen, lockeren, nährstoffreichen Böden. Dies sollte beim Berechnen der Abstände berücksichtigt werden. Halten Sie gebührenden Abstand zum Nachbargrundstück, oder erteilen Sie dem Nachbarn Ernteerlaubnis für überhängende Äste.

Pflanzabstände

	Obstart	Erziehungsform	Abstand zwischen den Pflanzen
Kernobst	Apfel	Spindel Busch	1,00–2,00 m 2,50–3,00 m
	Birne	Spindel Busch	1,50–2,00 m 2,50–3,00 m
	Quitte	Busch	3,00–3,50 m
Steinobst	Süßkirsche	Busch	3,00–3,50 m
	Sauerkirsche	Busch	2,00–3,00 m
	Pflaume Zwetschge Mirabelle Reneklode	Busch	2,50–4,00 m
	Pfirsich Nektarine	Busch	2,00–2,50 m
	Aprikose	Busch	3,00–3,50 m
Nüsse	Haselnuß	Busch	3,00–4,50 m
Beeren- und Wildobst	Mispel	Busch	3,50–4,50 m
	Weintraube	Spalier	2,00–4,00 m
	Holunder	Busch	2,00–3,00 m
	Sanddorn	Busch	2,00–3,00 m
	Heidelbeere	Busch	1,50–2,00 m
	Preiselbeere	Busch	0,30 m
	Johannisbeere	Busch Stamm	1,50–2,00 m
	Stachelbeere	Busch Stamm	1,00–1,50 m
	Josta	Busch	2,00–2,50 m
	Himbeere	Spalier	0,40–0,70 m
	Brombeere	Spalier	2,00–3,00 m
	Kiwi	Spalier	3,00–4,00 m
	Kiwi 'Weiki'	Spalier	2,00 m
	Apfelbeere	Busch Stamm	3,00–4,00 m

GRUNDLAGEN

Die Befruchtungs-Verhältnisse

Viele Bäume, deren Samen nicht mit dem Wind davonstieben, verpacken ihre Kerne aufwendig, damit Tier und Mensch Gefallen daran finden und ihre »Sprößlinge« verbreiten. Von einigen Früchten essen wir die Samen (Nüsse), von anderen die Verpackung (Apfel, Birne, Kirsche, Aprikose), von anderen essen wir Samen samt Verpackung (Himbeeren, Kiwi, Stachelbeeren, Trauben).

Damit Obstbäume Früchte bilden, müssen die Blüten befruchtet werden. In der Regel besteht eine Blüte aus Narbe (♀) und Staubbeuteln, die die Pollen (♂) enthalten. Die Narben mancher Obstarten akzeptieren den eigenen Pollen oder den der selben Sorte, andere lassen sich nur von Pollen einer anderen Sorte befruchten.

<u>Selbstfruchtbare Obstarten</u>
(es genügt, einen Baum oder Strauch zu pflanzen)
Aprikose, Pfirsich
Sauerkirsche (nicht alle Sorten)
Mirabelle
'Hauszwetschge' (= Sorte)
Quitte
Wein
Erdbeere
Heidelbeere
Rote und Weiße Johannisbeere
Stachelbeere
Himbeere
Brombeere
Holunder
Apfelbeere

<u>Selbstunfruchtbare Obstarten</u>
(es müssen mindestens <u>zwei</u> <u>Sorten</u> gepflanzt werden)
Süßkirsche
Reneklode
Zwetschge, Pflaume
Apfel, Birne
Schwarze Johannisbeere
Kiwi, Haselnuß
Sanddorn (männliche und weibliche Pflanzen)

> Obstbäume bilden mehr Blüten als sie Früchte ernähren könnten. Als Vollertrag gilt, wenn bei Apfel und Birne 5%, bei Kirschen, Aprikosen, Pflaumen 25% der Blüten Früchte ansetzen.

GRUNDLAGEN

Pflanzenschutz

Vorbeugen

Ob Birne, Kirsche oder Rebstock, die meisten unserer Obstarten können sich an alle Gartenböden und fast alle mitteleuropäischen Klimazonen anpassen. Mancher Sorte gelingt dies besser als anderen. Sorten, denen es nicht gelingt, zeigen ihr Unbehagen, indem sie krank werden. Sie kümmern, tragen wenig und kleine Früchte und strapazieren Geduld und Nerven ihres Besitzers. Um sich diesen Ärger zu ersparen, sollten Sie

- als Anfänger auf krankheitsanfällige, heikle Sorten verzichten.
- Sorten kaufen, die sich für die jeweiligen Klima- und Bodenbedingungen eignen.
- Bäume und Büsche nur in gut vorbereitete Pflanzgruben setzen (nicht in ein Miniloch im Rasen, wo sie verhungern und ersticken).
- Nicht zu dicht pflanzen. Lieber auf einen Baum verzichten.
- Regelmäßig pflegen und schneiden.

Gepflegte Bäume sind widerstandsfähiger gegen Krankheiten und Schädlinge. Pflege und vorbeugende Pflanzenschutzmaßnahmen fordern für die wenigen und niedrigen Bäume im kleinen Garten geringen Aufwand bei gleichzeitig hoher Erfolgsgarantie. Schädlinge wie Apfel-, Pflaumenwickler oder Frostspanner fängt man mit entsprechenden Schutzmanschetten am Stamm. Um Vögel oder Kirschfruchtfliege auszusperren, kann man Netze über die Bäume hängen; unter Netzen, Decken oder Schilfmatten sind Blüten vor Frost geschützt.

Im Herbst erhalten die Stämme und dickeren Äste einen Schutzanstrich aus Lehm und Schachtelhalmtee, oder man verwendet ein Handelspräparat. Auf Büsche und in die Baumkrone versprüht man die verdünnte Mischung. Dies stärkt die Abwehrkräfte der Pflanzen, fördert die Wundheilung und erstickt Schädlinge, die hinter der Borke auf den Frühling warten. Freistehende, ausgelichtete Bäume und Büsche trocknen schnell ab, und auf Feuchtigkeit angewiesene Pilze haben das Nachsehen. Folgende Krankheiten und Schädlinge lassen sich durch Schnitt bekämpfen: Mehltau, Monilia, Rotpustelkrankheit, Glasflügler und Gallmilben an Johannisbeeren. Es gibt verschiedene Pflanzenpflegemittel im Handel, die vorbeugend gegen Mehltau und andere Pilze wirken. Sie verstärken unter anderem die Zellwände der Pflanzen. An dieser Barriere geben viele Pilzsporen auf. Wer wegen drei Bäumen und zwei Sträuchern keinen Spritzaufwand betreiben möchte, hat dies hoffentlich dem Baumschulverkäufer deutlich gemacht und die entsprechend robusten Sorten im Garten stehen, zum Beispiel 'Pilot'- und 'Pinova'-Äpfel statt des schorf-

Schwebfliegen ernähren sich von Pollen und Nektar, ihre Larven fressen Blattläuse.

GRUNDLAGEN

anfälligen 'Golden Delicious', die mehltautoleranten Stachelbeeren 'Invicta' oder 'Rolanda' statt 'Maiherzog' und 'Grüne Kugel'. Viele Krankheiten und Schädlinge treten witterungsabhängig auf, der Schorfpilz stark in nassen Jahren, der Echte Mehltau mehr in trocken-warmen. Kranke Bäume bleiben unter Umständen im darauffolgenden Jahr beschwerdefrei, wenn das Wetter mitspielt. Milde Winter begünstigen Schädlinge, weil weniger erfrieren.

Mögen »Großgärtner« über reichen Erntesegen stöhnen, Kleingärtnern tut es um jede Kirsche, jeden Apfel, überhaupt jede Frucht leid, die sie an Schädlinge verlieren. Abfangen und Aussperren sind wirksame Methoden. Außerdem kriechen, krabbeln, fliegen und schweben im Garten viele Tiere umher, die gerne andere Tiere, zum Beispiel Läuse oder Spinnmilben, verspeisen und den Gärtner in seinem Kampf unterstützen. Einige Arten werden inzwischen von Spezialfirmen gezüchtet und gezielt von Profi- und Hobbygärtnern gegen bestimmte Schädlinge eingesetzt. Im Zimmer oder Glashaus funktioniert diese Methode gut bis sehr gut, da die Nützlinge nicht abwandern können. Im Garten freigelassen sind viele der Tiere bald über alle Berge.

Nützlinge erkennen

Der bekannteste Vertreter der mordenden Zunft ist der Siebenpunkt-Marienkäfer. Erwachsene Tiere und Larven fressen Läuse. Andere Marienkäferarten haben sich auf Milben oder Mehltaupilze spezialisiert.
Die schwarz-gelb gemusterten Schwebfliegen sehen auf den ersten Blick Wespen ähnlich, fliegen jedoch hektischer (aus dem Stand beschleunigend, dann wieder stehend) als diese und stechen nicht. Die Fliegen

Sie gelten als Glücksbringer. Sowohl die Käfer als auch die Marienkäferlarven lieben eiweißreiche Blattlaus-Kost.

Erwachsene Florfliegen tun keiner Laus etwas zuleide. Taucht jedoch eine ihrer Larven in einer Blattlauskolonie auf, bricht dort Panik aus. Eine Laus nach der anderen wird Opfer des gefräßigen Räubers.

GRUNDLAGEN

leben von Nektar und Pollen (Dolden-, Korbblütler), die Larven von Blattläusen.
Spinnen sitzen in den Bäumen und am Boden. Viele Arten bauen keine Fangnetze, sondern jagen lauernd und springend ihre Beute (Blattläuse, Insekten verschiedener Art). Ebenfalls zu den Spinnen gehören die Raubmilben, die Pflanzensaft saugenden Spinnmilben nachstellen. Die rote Samtmilbe ist ein besonders hungriger Räuber.
Gallmücken sind winzig klein und nachts unterwegs. Die Larven sind große Blattlausvertilger, die Mücken schlecken Honigtau.
Erz- oder Schlupfwespen legen ihre Eier in die Raupen von Schmetterlingen, u.a. Apfel-, Pflaumenwickler, Gespinstmotten, andere Arten sind auf Blattläuse und Weiße Fliege spezialisiert.
Erwachsene Florfliegen leben von Nektar, ihre Larven, auch Blattlauslöwe genannt, räumen unter den Blattläusen auf.
Raubwanzen mögen Blattläuse, Spinnmilben und was ihnen sonst vor die Fänge gerät. Blumenwanzen lauern auf Blättern gerne Birnenblattsaugern auf. Von den über 700 mitteleuropäischen Laufkäfer-Arten rennen die meisten auf dem Boden umher, bevorzugt nachts, und fangen Insekten. Die kleineren, gelenkig und schwindelfreien Arten klettern auch, um sich Blattläuse zu holen.
Zu den Nützlingen gehören außerdem Weichkäfer, Kurzflügler, Raupenfliegen, Ohrwürmer, auf Insekten spezialisierte Pilze, Bakterien und Viren, aber auch insektenfressende Vögel, Igel, Eidechse, Spitzmaus und Maulwurf.

Nützlinge fördern

Auch auf kleinstem Raum und mitten in der Stadt kann man einiges tun, um Nützlinge anzulocken und zum Bleiben zu überreden. Räuber sind meist die Larven, während die erwachsenen Tiere vieler Arten vegetarisch leben, sich von Pollen und Nektar ernähren. Nur wenn auch die erwachsenen Tiere Nahrung und Unterschlupf finden, richten sie ihre Kinderstube in Ihrer Läusekolonie ein. Wählen Sie, was sich in Ihrem Garten verwirklichen läßt:

- Vogel-Nistkästen aufhängen (2 m und höher).
- Laub liegen lassen, das als Versteck dient.
- Mauern und Fassaden begrünen.
- Tränken aufstellen.
- Für (Sichtschutz- und Grenz-) Hecken einheimische Gehölze wählen, deren Blüten und Früchte Nahrung bieten.
- Blumen statt Rasen: Blumen säen und pflanzen, vor allem Doldenblütler (Dill, Fenchel, Petersilie, Anis), die besonders attraktiv sind für viele Insekten, weil sie ihren Nektar offen anbieten. Auch Thymian, Salbei und andere Kräuter locken zur Blütezeit Nützlinge an.
- Schilfhalme bündeln und aufhängen, Holzklötze mit Bohrlöchern versehen und als Nisthilfe anbieten.
- Kleine Stein- und Holzstapel (Schnittholz) aufschichten.

Behende und flink stellen Laufkäfer Insekten nach. Zu ihren Beutetieren gehören Raupen, Schnecken, Kartoffelkäfer ...

GRUNDLAGEN

Raubwanze beim Aussaugen einer Laus.

Spinnen bauen Fangnetze, oder sie lauern ihrer Beute auf und überwältigen sie im Sprung.

Fruchtfolge

Viele Obstbäume kümmern, wenn sie in Erde wachsen sollen, wo vorher ein anderer Obstbaum stand. Je näher die aufeinander folgenden Obstarten verwandt sind, desto gehemmter das Wachstum. Gehört der Baum einer anderen Pflanzenfamilie an, gibt es keine Nachbauprobleme. Nach einigen Jahren verschwindet diese Bodenmüdigkeit von alleine.

Man braucht nur etwas Geduld (siehe Tabelle). Oder man gräbt eine breite und tiefe Pflanzgrube (1 m³) und tauscht die Erde fast vollständig gegen zwei bis drei Jahre alten, abgelagerten Kompost aus.

☹ = Pflanzung nach 20 Jahren möglich
😐 = Pflanzung nach 4–5 Jahren möglich
☺ = Pflanzung sofort möglich

Pflanzenfamilien

Rosengewächse *(Rosaceae)*:
Apfel, Birne, Kirsche, Pfirsich, Aprikose, Mirabelle, Reneklode, Zwetschge, Pflaume, Quitte, Mispel, Erdbeere, Brombeere, Himbeere, Apfelbeere, Rosen, Eberesche

Steinbrechgewächse *(Saxifragaceae)*:
Johannisbeere, Stachelbeere

Rebengewächse *(Vitaceae)*:
Wein

Heidekrautgewächse *(Ericaceae)*:
Heidelbeere, Preiselbeere

Strahlengriffelgewächse *(Actinidiaceae)*:
Kiwi

Haselnußgewächse *(Corylaceae)*:
Haselnuß

Geißblattgewächse *(Caprifoliaceae)*:
Holunder

Ölweidengewächse *(Eleagnaceae)*:
Sanddorn

Wartezeiten für die verschiedenen Obstarten

vorher → nachher ↓	Apfel	Birne	Kirsche	Pfirsich	Aprikose	Pflaume
Apfel	☹	😐	☺	☺	☺	☺
Birne	😐	☹	☺	☺	☺	☺
Kirsche	☺	☺	☹	😐	😐	☹
Pfirsich	☺	☺	😐	☹	☹	😐
Aprikose	☺	☺	😐	☹	☹	😐
Pflaume	☺	☺	☹	😐	😐	☹

Steinobst

Süßkirsche
Prunus avium

Vor nicht allzu langer Zeit mußten sich jeweils zwei Nachbarn zusammen tun, wenn sie einen Kirschbaum pflanzen wollten. Weil ein einzelner Baum keine Früchte ansetzt, war es nötig, zwei weitere Nachbarn zu über reden, ihre beiden Gärten für eine zweite Sorte zur Verfügung zu stellen.

Ausgewachsen tragen diese Prachtexemplare reichlich Früchte, allerdings so hoch über dem Erdboden, daß mancher Kirschbaumbesitzer viele den Vögeln überläßt, weil sich niemand weiter als bis zur zehnten Stufe die Leiter hinauf wagt. Inzwischen gibt es Süßkirschen, die weniger hoch in den Himmel wachsen und weniger ausladende Kronen bilden, wo die Ernte nicht zur Mutprobe ausartet. Sie sind auf schwach wachsende Unterlagen wie zum Beispiel 'Weiroot' oder 'Gisela' veredelt. Von diesen Minibäumen passen leicht zwei in einen kleinen Garten. Absprachen mit dem Nachbarn erübrigen sich.

Eine Zierde für jeden Garten: Leuchtend rote Kirschen und dekorative Blütenfülle.

STEINOBST

Blüte, Befruchtung

Je nach Witterung, im April, Mai, vor Apfel und Birne, öffnen sich die weißen, lang gestielten Blüten der Süßkirschen. Sie erfrieren gelegentlich, vor allem in spätfrostgefährdeten Lagen. Bienen, Hummeln und andere Insekten tragen den Pollen von Baum zu Baum, von Sorte zu Sorte, ein bißchen hilft auch der Wind mit. Es müssen mindestens zwei Sorten gepflanzt werden, die sich gegenseitig befruchten, sonst gibt es keine Kirschen.

Boden, Klima

Am besten wachsen die Bäume in einer dicken Schicht lehmig-humoser, nährstoffreicher Erde, wo Sauerstoff, Wasser und Nährstoffe in einem ausgewogenen Verhältnis vorliegen. Auf trockenen Böden gedeihen sie besser als Äpfel, weil ihnen die Winter- und Frühjahrsniederschläge zum Wachsen und Fruchten bis zum Juli nahezu reichen. Danach lagert der Baum nur noch Reservestoffe ein, die Früchte sind geerntet, und der Wasserverbrauch kann eingeschränkt werden.

Nasse Böden, stark lehmige, schmierige, in denen das Wasser keinen Ablauf findet, taugen nicht für Kirschen. Falls man es auf leicht verdichteten trotzdem probieren möchte, sollte man tiefwurzelnde Gründüngerpflanzen (Ackerbohne, Lupine, Ölrettich) säen – falls man Geduld hat, mehrere Jahre lang wiederholen. Vor der Pflanzung reichlich Kompost (Humus) einarbeiten. Wenn bei Kirschen zähflüssiger, bernsteinfarbener Schleim aus großen und kleinen Wunden an Stamm und Ästen quillt und die Triebe von der Spitze her verdorren, zeigt dies unmißverständlich, daß der Baum mit seinem nassen Standort nicht zufrieden ist.

Wie Äpfel passen sich Kirschen jeder mitteleuropäischen Klimazone an. Sie wachsen von Süditalien bis Südschweden. Selbst in höheren Lagen bringen sie noch gute Ernten. Die Bäume sollten frei stehen, also nicht an einer Hausmauer oder im Schutz anderer Bäume, damit der Wind ungehindert durchstreichen und Blätter und

STEINOBST

Früchte nach einem Regen rasch abtrocknen kann. Dies beugt Pilzbefall vor.

Pflege, Schnitt

Bei starken Temperaturschwankungen im Winter – nachts Frost, tags Sonnenschein – platzt die Rinde an Stamm und Ästen. Kirschbäume benötigen deshalb den Winter über einen Stammschutz, der größere Temperaturschwankungen ausgleicht. Entweder man streicht Stamm und Äste, sie müssen trocken sein, im Herbst mit einer Mischung aus Lehm und Schachtelhalmtee ein, oder man verwendet ein Handelsprodukt (Preicobakt, Bio-Baumanstrich, Silkaben).

Außer auf nährstoffreichen Böden erhalten die Bäume jährlich im Frühjahr eine Kompostdüngung. Ab Juni, sobald genügend Pflanzenmasse anfällt, sollte der Boden um den Stamm gemulcht werden.

Weil offene, blutende Wunden Pilzen und Bakterien ideale Eintrittspforten bieten und Kirschwunden nur sehr langsam und schlecht verheilen, empfiehlt es sich, im Sommer gleich nach der Ernte zu schneiden. Voll im Laub stehende Bäume schließen Wunden schneller als winterschlafende!

Bereits bei jungen Bäumen (Abspreizen, Herunterbinden) darauf achten, daß die Zweige, die später die Leitäste bilden, nicht zu spitzwinklig am Stamm sitzen. Ist der Winkel zu eng, können die Leitäste, die die Krone tragen, dem starken

Wenn die Äste zu steil am Stamm sitzen, schlitzen sie leicht aus, und die Wunden bluten (Gummifluß).

Druck schwer widerstehen. Es bilden sich Risse und blutende Wunden, im schlimmsten Fall schlitzt der gesamte Ast aus. Durch regelmäßigen Schnitt und Herunterbinden der Zweige die Kronen niedrig halten.

Röteln, Platzen

Weder Krankheit noch Schädling stecken dahinter, wenn gut zwei Monate nach der Blüte ein Teil der Früchte eintrocknet, sich rot färbt und abfällt. Dies ist ein natürlicher Vorgang, die Triebe entziehen den Kirschen zuviele Nährstoffe, und sie verhungern. Sorten mit breiten Kronen neigen weniger zum Röteln als Sorten mit steil nach oben wachsenden Zweigen. Auch Bäume mit geringem Behang röteln, schlechtes oder extrem trockenes Wetter verstärkt diesen Fruchtfall.

Wenn Blüten und Früchte Spätfröste bzw. Röteln überstanden haben, können Regenfälle die Ernte noch gefährden. Bei zuviel Nässe, in regenreichen Jahren und Gebieten, platzt ein Großteil der Kirschen und fault bald darauf. Die früh reifenden, weichfleischigen Herzkirschen platzen weniger als die später reifenden, festeren Knorpelkirschen. Entweder man freut sich auch über beschädigte Früchte und erntet zügig, oder man pflanzt in Gebieten, wo es im Sommer viel regnet, bevorzugt platzfeste Sorten. Überdüngung begünstigt das Platzen.

Pflanzenschutz

Wo sie auftritt, ist die Made los. Die Kirschfruchtfliege ist eine enge Verwandte unserer Stubenfliege. Ab Mai schlüpfen die erwachsenen Tiere aus ihrer Puppenhülle im Boden, fliegen einige Tage umher, und schließlich legen die Weibchen je ein Ei in die sich gerade rötlichgelb färbenden Früchte von Süß-und Wildkirschen, selten Sauerkirschen. Die Heckenkirsche (*Lonicera*) wird ebenfalls befallen. Damit die Made die Kirsche für sich alleine hat, hinterläßt die Fliegenmutter einen Duftstoff, der anderen Fliegenmüttern signalisiert, »diese Kirsche ist besetzt«. Weil die Verständigung

STEINOBST

unter den Fliegen-Damen so gut klappt, legt keine ein zweites Ei an eine Kirsche, es sei denn, es sind bereits alle Früchte belegt.
Hauptflugzeit ist im Juni, die Fliege tritt vor allem in warmen Gegenden auf. Befallene Kirschen sind ungenießbar und faulen rasch.
Die oft empfohlenen gelben Leimtafeln haben zwei Nachteile, erstens fliegen nicht nur Kirschfruchtfliegen zielstrebig auf sie zu und bleiben kleben, sondern viele andere Insekten ebenfalls, so auch Nützlinge. Zweitens sind die Fliegen, die meisten jedenfalls, sehr pflichtbewußt, sie legen ihre Eier ab und stillen danach erst ihre Neugier an dem gelb leuchtenden Ding.
Wer Ärger mit madigen Kirschen hat, sollte unbedingt alle Früchte ernten, was bei kleinkronigen Bäumen nur guten Willen und keine Schwindelfreiheit voraussetzt. Der Nachbar muß allerdings auch überredet werden, alle Kirschen zu ernten. Hängen die Früchte zu hoch, muß man nicht unbedingt sein Leben riskieren, um der letzten Kirsche samt Made habhaft zu werden. Irgendwann verspürt die Made einen unwiderstehlichen Drang, sich abzuseilen und im Boden zu verpuppen. Legt man ab Mitte Juni Tücher oder Papier in einem weiten Umkreis um den Stamm, so kann man die Maden dort absammeln und vernichten.
Vorbeugend ab Ende Mai engmaschige Schutznetze über die Bäume ziehen, Ränder gut verschließen. Bei kleinkronigen Bäumen ist dies eine sehr wirksame Methode mit dem zusätzlichen Effekt, daß auch kirschliebende Vögel ausgesperrt bleiben.

In warmen Gegenden, wo die Fliege besonders eifrig am Werk ist, sollte man auf Frühsorten ('Burlat', 'Merton Glory', 'Johanna') ausweichen, die je nach Region, nicht oder wenig befallen werden.
In manchen Jahren saugen, dicht gedrängt, Schwarze Kirschenblattläuse an den Triebspitzen, umhegt und gemolken von geschäftigen Ameisen. Im zeitigen Frühjahr krabbeln die jungen Läuse aus den Eiern, zu

So hoch müssen Kirschbäume nicht sein, Baumschulen verkaufen auch kleinere Baumversionen.

STEINOBST

den zarten Blättern und saugen auf der Blattunterseite. Die Blätter rollen sich ein und sind bald mit den zuckerhaltigen Ausscheidungen der Läuse verklebt, auf denen sich Rußtaupilze ansiedeln. Je mehr Läuse saugen, desto verkrüppelter die Blätter, desto besser sind die Läuse getarnt und geschützt. Zusätzlich bewachen Ameisen ihre Läuschen, so daß wenige Nützlinge, vom unbekümmert furchtlosen Ohrwurm abgesehen, den Weg in diese Räuberhöhle finden. Ab Ende Mai wachsen den jungen Läusen Flügel, und sie fliegen zu verschiedenen Kräutern wie Labkraut und Ehrenpreis, wo sie den Sommer verbringen. Erst im Herbst kehren Laus-Weibchen zu den Kirschen zurück, um ihre Eier abzulegen. Kapuzinerkresse wehrt Blutläuse ab und lockt schwarze Läuse an, weshalb sie oft auf die Baumscheibe gepflanzt wird. Die Kirschenläuse beeindruckt dies wenig, denn die Läuse schlüpfen im März, und die Kapuzinerkresse braucht mindestens bis Juni, bis sie eine wahrnehmbare Größe erreicht hat.

Folgende Maßnahmen versprechen mehr Erfolg:
Im Frühjahr die Triebe kontrollieren und die ersten Läuschen zerquetschen, rechtzeitig mit Rainfarn-, Wermut-, Knoblauch-, Tomatenblätter-Brühen spritzen, Triebe mit Schmierseifenlösung abwaschen. Diese Mittel verursachen jedoch auch Nützlingen, vor allem den weichhäutigen, zumindest Übelkeit oder schlagen sie völlig k.o.. Sobald die Blätter eingerollt sind, dringt die Spritzbrühe nur in Spuren zu den Läusen vor, deshalb stark befallene Triebe abschneiden.
Um die Ameisen abzufangen, am Stamm grüne Leimringe anbringen. Sie müssen dicht schließen, damit die Ameisen nicht unten durchmarschieren. Leimringe öfters wechseln, eventuell zwei, drei in mehreren Etagen festschnüren, da die nachrückenden auf den Rücken der festgeklebten balancierend die Leimschicht überwinden.
Dringt aus Wunden an Stamm und Ästen zäher, gelb-brauner Pflanzensaft, so muß nicht unbedingt eine Krankheit (Valsa) oder ein Schädling (Rindenwickler) dahinter stecken, sondern der Baum deutet damit generelles Unwohlsein an: zu nasser, zu schwerer, verdichteter Boden, zu hohe Stickstoff-Düngung, schlecht versorgte Schnitt-, Frost- und andere Wunden. Um diesen <u>Gummifluß</u> zu vermeiden, sollte auf einen günstigen Standort geachtet und nur im Sommer geschnitten werden.

'Büttners Rote Knorpelkirsche'

STEINOBST

Ernte, Verwertung
Ob man mit oder ohne Stiel erntet, bleibt dem Gärtner überlassen. Am besten schmecken Kirschen, wenn sie dunkelrot, fast schwarz sind. Wer Kuchen damit belegen oder sie einwecken will, erntet früher.

Sorten
'Burlat' (sehr große, aromatische Früchte, platzt leicht, nur für Gegenden mit wenig Sommerregen)
'Johanna' (sehr große, schwarzrote Kirschen)
'Merton Glory' (große, gelbrote Kirsche, sehr guter Geschmack)
'Büttners Rote Knorpel' (große, gelbrote Kirsche, farbloser Saft, relativ platzfest)
'Hedelfinger Riesenkirsche' (sehr große, dunkle Kirsche, dunkler Saft, platzt leicht)
'Napoleon' (sehr große, rote Kirsche, farbloser Saft, Blüte frostempfindlich)
'Sam' (große, dunkelrote Kirsche, relativ platzfest)
'Schneiders Späte Knorpel' (sehr große, dunkelrote Kirsche, guter Geschmack, braucht gute Böden und Pflege)
'Regina' (reift spät, sehr große, schwarzrote Kirsche, aromatisch, platzfest, anspruchslos)

> Die Süßkirsche stammt von der Vogelkirsche ab. Wilde Vogel-Kirschbäume erreichen nach 50 Jahren ohne Mühe Höhen von 15–20 m, mit Mühe sogar 30 m.

'Hedelfinger Riesenkirsche'

'Grolls Schwarze'

STEINOBST

Sauerkirsche
Prunus cerasus

Sie bleiben von Natur aus viel kleiner als Süßkirschen, lassen sich deshalb willig als Spalier erziehen. Bei guter Pflege und regelmäßigem Schnitt bringen sie sogar im Topf sehr, sehr gute Erträge.

Ebenfalls zu den Sauerkirschen rechnet man die Sorten, die aus Kreuzungen zwischen Süß- und Sauerkirschen entstanden sind, hierzu gehören die Süßweichselsorten 'Königin Hortense', 'Mailot', 'Koröser'. Sie wachsen stärker als die echten Sauerkirschen, tragen weniger, schmecken jedoch hervorragend.

Blüte, Befruchtung
Sauerkirschen blühen nach den Süßkirschen, abhängig vom Wetter, ab Ende April, meist im Mai. Weil sie später blühen und außerdem widerstandsfähiger sind als die große Schwester, erfrieren die Blüten selten. Sie sind bis auf wenige Ausnahmen selbstfruchtbar. Einen Teil der Pollen transportiert der Wind. Effektivere Arbeit leisten jedoch die Insekten.

Auf die Befruchtung durch eine andere Sorte angewiesen, sind die Süßweichseln. Ihr Pollen taugt weder, um die eigene Narbe zu bestäuben, noch gelingt ihm dies bei anderen Sorten. Besonders unangenehm fällt die Sorte 'Koröser' auf. Ihre Blüten bilden sehr wenig Nektar und tun auch sonst nichts, um pollenbepackte Bienen anzulocken, so daß sie mehr versehentlich bestäubt werden. Diese geringe Attraktivität rächt sich vor allem bei miesem Blühwetter mit schlechtem Behang. Selbstunfruchtbare Sorten akzeptieren Pollen sowohl von Süß- als auch von Sauerkirschen.

Boden, Klima
Abgesehen von nassen Böden, die ihr ebenfalls nicht behagen, ist die Sauerkirsche anspruchsloser als die Süßkirsche. Sie gedeiht auf nahezu jedem Boden und auch in rauheren Gegenden. Weil die Früchte nur selten platzen, eignen sich Standorte, wo es im Sommer mehr regnet.

Pflege, Schnitt
Trotz ihrer Genügsamkeit sollte die Sauerkirsche auf mageren Böden im Frühjahr eine Kompostdüngung erhalten. Damit

Um Sauerkirschen zu ernten, braucht man keine Leiter, aber viele Körbe.

STEINOBST

der Boden in ihrem Wurzelbereich gleichmäßig feucht und locker bleibt, wird ab dem Frühsommer gemulcht. Auf harten, verdichteten, sauerstoffarmen Böden sind Sauerkirschen anfälliger für Krankheiten.

Während Süßkirschen auch ungeschnitten die Balance zwischen Wachsen und Fruchten zu wahren wissen, neigen schnittvernachlässigte Sauerkirschen, ganz besonders die Sorte 'Schattenmorelle', dazu, vor lauter Fruchten das Wachsen zu vergessen. An den langen, peitschenförmigen Trieben sitzen nur an den Spitzen noch einige Blätter, die unmöglich die vielen Früchte und den Baum ernähren können. Diese Bäume sind bald erschöpft und vergreisen. Alle nach unten hängenden Peitschentriebe werden nach der Ernte entfernt bis zu einem kräftigen, kurzen Trieb, der waagrecht oder nach oben wächst.

Pflanzenschutz

Regnet es während der Blütezeit, findet der Monilia-Pilz ideale Entwicklungsbedingungen. Über die Narbe wächst der Pilz in die Blüte und weiter in den Zweig ein, bringt beides nach und nach zum Absterben und wächst weiter und weiter, bis er nach Jahren den gesamten Baum unterwandert und geschafft hat. An der Sorte 'Schattenmorelle' findet der Pilz besonderen Gefallen, weniger anfällig sind 'Koröser', 'Morellenfeuer', 'Schwäbische Weinweichsel'.

Unbeschnittene Sauerkirsche: keine Verzweigung, Blätter und Blüten nur an den Triebspitzen, der Rest bleibt kahl.

Abgestorbene Triebe unverzüglich abschneiden, sicherheitshalber 20 cm gesunden Trieb mitentfernen. Da die Pilzsporen auch in Früchten überwintern, alle Früchte unbedingt ernten, besonders die fauligen. Baum vorbeugend mit pflanzenstärkenden Mitteln (Neudo-Vital) behandeln, Meerrettich auf die Baumscheibe pflanzen und Meerrettich-Tee in zwei-, dreitägigem Abstand in die Blüten spritzen. Mäßig düngen, regelmäßig schneiden.

Ernte, Verwertung

Schwarzrote, voll ausgereifte 'Schattenmorellen' schmecken erfrischend fruchtig-säuerlich. Die pralle Frucht löst sich nur ungern vom Stiel, und gebraucht man sanfte Gewalt, verspritzt sie ihren intensiv roten Saft mit Vorliebe auf weiße T-Shirts. Andere Sauerkirschen geben ihre Früchte bereitwilliger her. Sie eignen sich gut für Marmelade, Saft oder als Kuchenbelag.

Sorten

'Schattenmorelle' (selbstfruchtbar, hohe Erträge, anspruchslos, große, säurereiche Früchte)

'Morellenfeuer' (selbstfruchtbar, hohe Erträge, Früchte mild sauer, aromatisch)

'Schwäbische Weinweichsel' (selbstfruchtbar, kleine bis mittlere Früchte, sauer-aromatisch, robust)

'Karneol' (Blüte spätfrostgefährdet, große süß-aromatische Früchte, höhere Erträge durch Fremdbestäubung)

'Koröser' (selbstunfruchtbar, Früchte sehr groß, aromatisch mit feiner Säure, anspruchslos, unsichere, mäßige Erträge)

'Königin Hortense' (selbstunfruchtbar, Blüte frostempfindlich, Früchte sehr groß mit sehr gutem Aroma, mäßige Erträge, liebt warme Lagen)

> Sauerkirschen behalten, im Gegensatz zu den Süßkirschen, verarbeitet Form, Farbe und Aroma. Ihre fruchtige Säure gleicht allzu fade Süße aus, sei es im Obstsalat, als Kuchenbelag oder eingeweckt.

STEINOBST

Pflaume, Zwetschge, Mirabelle, Reneklode
Prunus domestica

Ein bißchen Schlehe, ein bißchen wilde Kirschpflaume, ein bißchen ...? – das ist die Mischung, die in jedem unserer Pflaumen- und Zwetschgenbäume steckt. Dieses Obstart wird seit so langer Zeit vom Menschen angebaut, daß kein Pflaumenforscher mehr nachvollziehen kann, wie, wo, wann und mit welchen Wildformen die enge Beziehung begann. Bevor der Mensch die Zwetschgen in seine Obhut nahm und zähmte, hatten die Bäume ständig Ärger mit hungrigen Tieren. Statt sich mit den Früchtchen zu begnügen, fraßen diese Gierschlünde auch Blätter und frische Zweige. Bis es den Zwetschgen zu bunt wurde und sie sich mit Dornen bewaffneten. Noch heute tragen viele, aus Samen gezogene, junge Zwetschgenbäume vorsichtshalber Dornen. Woher sollen sie auch wissen, daß die Dinosaurier längst ausgestorben sind und die wenigen Ziegen Deutschlands unter strengster Bewachung stehen? Fast jedes Kind kennt den Unterschied zwischen Pflaumen, Zwetschgen, Mirabellen und Renekloden – nur die Fachleute nicht. Weil die Merkmale Fruchtgröße, -farbe, -form nicht ausreichen, um eine klare Trennungslinie zu ziehen, mußten die Wissenschaftler ihre wissenschaftliche Korrektheit aufgeben und bezeichneten Steinfrüchtige mit blauer, roter, grüner, gelber Schale, die sich nicht eindeutig als Kirsche, Pfirsich oder Aprikose ausweisen konnten, mit dem gemeinsamen botanischen Namen 'Prunus domestica'. In dieser Sammelart tummeln sich alle gezähmten Pflaumen.

Blüte, Befruchtung
Sie blühen je nach Sorte ab Ende März bis Anfang Mai, zunächst Pflaumen und Zwetschgen, später Mirabellen und Renekloden. Während Mirabelle und 'Hauszwetschge' sich mit dem eigenen Pollen bestäuben lassen, bestehen Renekloden sowie die meisten Pflaumen- und Zwetschgensorten auf dem

Ihre Blätter werfen Zwetschgenbäume bald ab. Die Früchte halten sich lang am Baum.

STEINOBST

einer anderen Sorte. Fehlt diese, bleiben die Blüten unbefruchtet: Die Bäume werfen die Blüten ab und setzen keine Früchte an. Falls Schlehe und wilde Kirschpflaume in der Nähe stehen, kann deren Pollen zwar zum Befruchten dienen, es empfiehlt sich allerdings, schon der Früchte wegen, von vornherein gleich mehrere Sorten zu pflanzen.

Wenn die Bäume wenige bis gar keine Früchte tragen, kann das daran liegen, daß bei strengen Frösten die Blüten erfroren, daß der geeignete Pollen fehlte, oder daß Bienen und Hummeln einfach keine Lust hatten, »bei dem Sauwetter« ihrer Pflicht nachzukommen.

Boden, Klima

Es gibt Böden (nährstoffreich) und Regionen (mildes Klima), in denen die Pflaumensippschaft lieber wächst als in anderen, aber keine Obstart fruchtet auch unter widrigen Bedingungen so bereitwillig. Die Zwetschgen sind in dieser Hinsicht besonders genügsam und anspruchslos, gedeihen selbst auf schweren, schlecht durchlüfteten Böden. Nur in sehr trockenen Jahren werfen sie einen Teil ihrer Früchte vorzeitig ab. Renekloden und Mirabellen gelten als die wärmebedürfigsten in der Familie. Wie zahlreiche, recht lebendige und reichtragende Beispiele in rauheren Lagen beweisen, sind auch sie bis zu einem gewissen Grad anpassungsfähig – sonniger Standort vorausgesetzt.

Pflege, Schnitt

Natürlich trägt auch diese Obstart regelmäßiger und größere Früchte, wenn sie gedüngt, gemulcht, geschnitten, pflanzengeschützt und gegossen wird. Aber anders als der verfrorene, Heimweh geplagte Pfirsich, bemerken Zwetschge, Mirabelle und Co. kaum, wenn Gärtner und Gärtnerin sie vernachlässigen und nicht jeden Tag auf ein Pläuschchen vorbei kommen. Ab und zu sollte man trotzdem nach seinen Bäumen sehen, denn in in manchen Jahren tragen Mirabellen und Zwetschgen so üppig, daß Teile ihrer Äste unter der Last zusammenbrechen. Vorsorgliches Abstützen verhütet den Schaden. Behutsames Schneiden ist ratsam, damit die Bäume niedrig bleiben, und immer genügend junge Fruchttriebe bilden. Die größten Früchte hängen an den jüngsten Zweigen.

Pflanzenschutz

Wo Leben ist, da sind auch Viren, und wo Zwetschgen, Pflaumen, Renekloden und viel Wärme zusammentreffen, wie im sonnenverwöhnten Baden, da ist das Scharkavirus. Gegen Viren gibt es keine Heilung, nur mehr oder weniger tolerante Sorten. Empfindliche Sorten zeigen hellgrüne, verwaschene Zeichnungen, die deformierten Früchte weisen pockennarbige oder gefurchte Dellen auf und fallen vorzeitig ab. Tolerante Sorten sind vielleicht auch infiziert, nur lassen sie es sich nicht anmerken, zumindest nicht an den Früchten. Wenn es im Frühsommer wenig regnet, treten die Symptome deutlicher auf als in niederschlagsreichen Jahren. Befallene Bäume müssen unverzüglich gerodet und verbrannt werden, heißt es in einer entsprechenden Verordnung. Und schuld an allem sind die Blattläuse, die die Viren mit ihrem Speichel in den Baum einschleusen. In virusverseuchten Gebieten (in der Baumschule fragen!) nur tolerante Sorten pflanzen.

In Jahren mit feucht-kühler Witterung während der Blütezeit tritt die Narren- oder Taschenkrankheit häufig auf, verursacht von einem Pilz. Befallene Früchte wachsen schneller als die anderen, sie sind groß, flach, ohne Kern, leicht gekrümmt und von hellgrüner Farbe mit weißem Überzug. Sie sollten unverzüglich entfernt und vernichtet werden.

Der Pflaumenwickler befällt vor allem spätreifende Sorten wie die Hauszwetschge. Im Mai, Juni fliegen die Falter und legen ihre Eier an die Früchte. Die Raupen fressen, nach einiger Zeit fällt die Frucht ab, die Raupen verlassen sie und verpuppen sich im Boden.

Ab Mitte Juli schlüpfen erneut Falter, um ihre Eier an die halbreifen Früchte abzulegen. Die Raupen dieser Generation spinnen sich, wenn sie genug gefressen haben, hinter der Borke ein, verschlafen den Winter, verpuppen sich im Frühjahr und wenig später schlüpfen die erwachsenen Falter.

STEINOBST

Süße und saftige Renekloden.

Gleiches wie beim Apfelwickler gilt auch bei diesem Fruchtwurm:
- Befallene Früchte auflesen bzw. von den Zweigen schütteln. (Sie sitzen weniger fest als wurmfreie.)
- Manschetten aus Wellpappe um die Stammbasis legen. Regelmäßig auf Larven kontrollieren und erneuern.
- Fallen mit Lockstoffen (Pheromone) aufhängen. Der Duft zieht die Männchen an, die auf dem mit Leim bestrichenen Fallenboden kleben bleiben. Damit neugierigen Vögeln nichts passiert, Falleneingang mit einem groben Drahtgeflecht oder ähnlichem sichern.
- Im Herbst Stamm und dicke Äste gründlich abbürsten und mit Lehm-Schachtelhalmbrühe oder käuflichem Stammschutzmittel bestreichen. Stamm muß trocken sein.

Ernte, Verwertung

Bereits im Juli reifen die ersten Sorten, die 'Hauszwetschge' läßt sich bis September, Oktober Zeit. Saftige Frühzwetschgen verkochen im Backofen, während die späteren Sorten auf dem Kuchen Form und Aroma behalten. Zwetschgen und Pflaumen möglichst nach und nach ernten, je nach Bedarf. Während sich am Baum überreife Früchte noch eine Weile halten, sie trocknen lediglich am Stielansatz etwas ein, faulen und gären geerntete innerhalb weniger Tage.
Renekloden sind bei Wespen schon im halbreifen Zustand beliebt, an reifen Früchten gebärden sich diese Schleckermäuler noch unbändiger. Rechtzeitig und frühmorgens ernten.

Sorten

Nahezu jeder Landstrich Süddeutschlands hatte früher seine eigenen Zwetschgen- und Pflaumensorten, die im jeweiligen Klima besonders gut gediehen. Einige werden noch heute angebaut, so zum Beispiel im Badischen 'Haferpflaumen' und 'Zibarten', die meist als Schnaps enden.
Sortenauswahl:
'Hermann' (scharkatolerant, selbstfruchtbar, reift im Juli, blaue Zwetschge)
'Sanctus Hubertus' (scharkatolerant, selbstfruchtbar, reift ab Ende Juli, blaue, runde Pflaume)
'Bühler Frühzwetschge' (scharkaresistent, selbstfruchtbar, reift mittelspät im August, mittelgroße, dunkelblaue Früchte)
'Cacaks Beste' (scharkaresistent,

reift im August, große Früchte)
'Ontariopflaume' (scharkatolerant, reift im August, große, gelbe, runde Früchte)
'Ortenauer' (selbstfruchtbar, reift im September, große, dunkelblaue Früchte)
'Hanita' (scharkatolerant, reift im September, große, blaue Zwetschge)
'Hauszwetschge' (Formengemisch, je nach Herkunft unterschiedliche Eigenschaften, reift im September, Oktober)
'Schönberger' (reift im September, anspruchslos)
'Mirabelle von Nancy' (scharkatolerant, selbstfruchtbar, reichtragend, kleine, gelbe, runde Früchte)
'Graf Althans Reneklode' (reift Anfang September, große, rotviolette Früchte)
'Große Grüne Reneklode' (reift im September, grüngelb)
'Opal' (scharkatolerant, reift Ende Juli bis August, violettrote, runde Renekloden)

'Trailblazer'
Eine Blutpflaumensorte, die kleine, rote Früchte, trägt. Der Strauch wird 5–6 m hoch, treibt zunächst grünes Laub, das sich später braunrot färbt. Die hellrosa Blüten erscheinen im März, April.

Aprikose
Prunus armeniaca

In manchen Gegenden Österreichs wächst an fast jedem Bauernhaus ein Aprikosenspalier. Die Marillen, wie die Früchte dort heißen, werden gedörrt, zu Marmelade oder Schnaps verarbeitet.
Die Aprikose stammt aus der zentralasiatischen Steppe, wo es nur zwei Jahreszeiten gibt, eiskalte Winter und heiße Sommer. Die Natur erwacht dort schnell aus der Winterruhe, nimmt sich dazu nicht viele Wochen Zeit wie bei uns während des Frühlings.

Blüte, Befruchtung
Von den ersten kräftigen Sonnenstrahlen Ende Februar, März läßt sich die Aprikose aus dem Winterschlaf wecken. Während andere Obstgehölze dem Frieden nicht so recht trauen und abwarten, weiß diese Steppenpflanze die Zeichen nur so zu deuten: Sonne und Wärme = Sommer = Aufwachen. Bereits im März, lange vor den anderen Obstarten, blüht die Aprikose. Da bei uns bis in den Mai hinein Fröste auftreten, erfrieren die weiß, gelegentlich rosa schimmernden Blüten regelmäßig. Noch empfindlicher sind die winzigen Fruchtansätze. Die Bestäubung übernehmen Bienen und Hummeln, die meisten Sorten sind selbstfruchtbar. Hängt der Baum sehr voll, stößt

Die letzte Aprikose – wer darf sie ernten?

STEINOBST

er kurz nach der Blüte und einige Zeit später überzählige Früchte ab. Hungernde und dürstende Bäume werfen mehr »Ballast« ab als gut genährte.

Boden, Klima
Wie der Pfirsich liebt die Aprikose einen warmen, sonnigen Standort, gedeiht allerdings besser als dieser an geschützten Stellen auch in klimatisch weniger begünstigten Regionen. Gut geeignet sind flache Nordhänge, die sich im Frühjahr spät erwärmen und einen allzu frühen Austrieb verhindern.
Der Boden sollte locker, humos, nährstoffreich sein und immer genügend Feuchtigkeit führen. Der Baum erträgt tiefste Temperaturen im Winter ohne Schaden. Frostgefährdet ist er jedoch im Spätwinter, wenn er früher als anderes Obst die Wasser- und Nährstoffaufnahme wieder auf volle Touren bringt und in Stamm und Ästen die Säfte zu zirkulieren beginnen.

Pflege
Die Mühe lohnt, Aprikosen an Südwänden und gefährdete, freistehende kleine Bäume im Frühjahr mit Schilf- oder Strohmatten abzudecken. Dies zögert die Blüte um einige Tage hinaus und sichert vielleicht die Ernte.

Regelmäßig im Frühjahr mit halbreifem Kompost düngen, anschließend die Baumscheibe mulchen. Als Steppenpflanzen vertragen Aprikosen Hitze und Trockenheit, doch man erntet größere Früchte, wenn man ihnen mit Wasser zu Hilfe kommt (lieber seltener, dafür kräftig gießen). Spalierbäume stehen oft an vor Regen geschützten Stellen, brauchen deshalb regelmäßig Wasser.
Wenn es lange nicht geregnet hat, sollte man Aprikosen spätestens nach der Ernte im Juli, August gründlich wässern. Zu dieser Zeit werden die Blüten für das nächste Jahr angelegt. Durch sehr reichen Behang erschöpfte Bäume neigen dazu, ein Jahr Blühen und Fruchten ausfallen zu lassen und nur alle zwei Jahre zu tragen. Dies gilt ganz besonders, wenn der Boden ausgetrocknet und damit die Wasser- und Nährstoffaufnahme unterbrochen ist.

Aprikosen-Tohuwabohu mit wenig Licht und viel Schatten. Ausgelichtete Bäume tragen größere und aromatischere Früchte.

STEINOBST

Schnitt
Nur alte, abgestorbene und zu dicht stehende Zweige abschneiden. Möglichst wenig Wunden zufügen, um die Eintrittspforten für Pilze und Bakterien gering zu halten. Wunden mit Baumwachs verstreichen. Der beste Schnittzeitpunkt ist nach der Ernte, da die Wunden im Sommer schneller verheilen als im Winter. Aprikosen tendieren von Natur aus zu einer locker aufgebauten Krone, die Schnitt fast überflüssig macht.

Pflanzenschutz
An ungünstigen Standorten und mangelnder Pflege anfällig für verschiedene Pilzkrankheiten. Der Monilia-Pilz dringt über Blüten und Wunden ein, zunächst sterben die Blüten ab und verbräunen, später ganze Astpartien. Befallene Zweige 20 cm ins gesunde Holz abschneiden. Manchmal sterben gesund scheinende Bäume mehr oder weniger plötzlich ab. Die Ursache ist nicht völlig geklärt, man vermutet, daß verschiedene Pilz- und Bakterienkrankheiten eine Rolle spielen, begünstigt durch eine allgemeine Schwächung des Baumes (Frost, Staunässe, Verletzungen).
Bei anhaltendem Regen platzen die Früchte und faulen leicht. Wespen mögen die saftig-süßen Früchte gerne, eventuell die Bäume mit feinmaschigen Netzen abdecken.

Ernte, Verwertung
Die Früchte reifen je nach Sorte im Juli, August. Nicht zu früh ernten, damit sie ihr Aroma voll entfalten. Von der Sonne zu sehr bestrahlte und aufgeheizte Aprikosen schmecken fade, deshalb besser morgens ernten. Frisch vom Baum munden die Früchte am besten, behalten auch getrocknet oder als Marmelade ihr typisches Aroma.

Sorten
'Ungarische Beste', 'Mombacher Frühe', 'Nancy-Aprikose' (über 200 Jahre alte Sorte, relativ anspruchslos und widerstandsfähig, sehr gutes Aroma)

> Die Früchte sehen nicht nur schön aus und schmecken gut. Obendrein sind sie sehr gesund. Sie enthalten verschiedene Vitamine, vor allem Vitamin C, sowie viel Kalium. Für die orange Farbe ist (wie bei den Möhren) eine Substanz namens beta-Carotin verantwortlich, das im menschlichen Organismus in Vitamin A umgewandelt wird. Vitamin A senkt das Herzinfarkt- und Krebsrisiko. Und seit kurzem weiß man: Auch das beta-Carotin selbst macht im Körper Stoffe unschädlich, die Krebs auslösen können, so schützt es unter anderem vor gefährlichen UV-Strahlen. Und noch ein Gruppe anderer Inhaltsstoffe übernimmt im Organismus eine Krebs-Schutzfunktion, die Flavonoide.

Pfirsich, Nektarine
Prunus persica

Nektarinen unterscheiden sich durch ihre glatte Schale von den behaarten Pfirsichen. Als Südländer brauchen sie viel Sonne und Wärme, und werden deshalb in unseren kühleren Breiten kaum älter als 15 Jahre.

Blüte, Befruchtung
Etwa zwei Wochen vor dem Apfel öffnet der Pfirsich seine warmrot gefärbten Blüten. Wer so bald aus dem Winterschlaf erwacht, sollte auf Kälte vorbereitet sein, doch das Gegenteil ist der Fall. Die Blüten erfrieren sehr oft. Nur in Weinbauregionen oder an geschützten Stellen, ist die Ernte einigermaßen gesichert. Da die Büsche niedrig bleiben, kann man sie bei drohenden Nachtfrösten mit leichten Decken oder Vliesen schützen. Die meisten Sorten sind selbstfruchtbar.

Boden, Klima
Je mediterraner die Bedingungen, desto wohler fühlt sich diese Obstart. Weil wir ihr soviel Wärme nicht immer bieten können, sollte für sie zumindest der sonnigste Platz und der beste Boden im Garten reserviert bleiben. Auf schlecht durchlüfteten, nassen, schweren Böden neigt der Pfirsich zu Gummifluß und gibt schon nach wenigen Jahren seinen Geist auf. Ideal sind gut drainierte, leichte bis mittelschwere, sandig-humose Böden, die eine gleichmäßige

STEINOBST

Wasserversorgung garantieren. Wenn ihm der Boden zusagt, und er an einer warmen Südwand als Spalier gezogen wird, gedeiht der Pfirsich auch in rauheren Gegenden leidlich bis gut.

Pflege
Um kein Frostrisiko einzugehen, pflanzt man im Frühjahr. Sobald sich der Boden im Frühjahr erwärmt, braucht die Baumscheibe eine dicke Mulchschicht. Dies wirkt sich günstig auf die Bodenstruktur, Nährstoffverfügbarkeit, Durchlüftung aus und schützt vor dem Austrocknen. Eine Kompostdüngung im Frühjahr sollte selbstverständlich sein. Bei Trockenheit gießen.

Schnitt
Der Pfirsich blüht und fruchtet an den Zweigen, die im Vorjahr gebildet wurden. Regelmäßiger Schnitt ist nötig, um ihn bei Trieblaune zu halten. Während über einen halben Meter lange Triebe sowohl Blüten als auch Blätter tragen, sitzen an den kürzeren fast ausschließlich Blüten oder nur Blätter. Die langen kürzt man um die Hälfte ein. Die wenigen Blättchen an den reinen Blütentrieben versorgen ihre Früchte mehr schlecht als recht, weshalb diese vor allem in guten Ertragsjahren klein bleiben. Diese Minizweige schneidet man auf 1–3 Knospen zurück. In spätfrostgefährdeten Regionen wartet man mit dem Rückschnitt dieser Blütentriebe jedoch besser, bis sich die ersten Früchte zeigen. In manchen Jahren ist man froh, wenn überhaupt ein paar Früchte den Frost überlebt haben – egal ob an kurzen oder langen Ästen, sie werden bei geringem Behang gut mit Nährstoffen versorgt und dementsprechend groß.

Pflanzenschutz
Läuse schaden gelegentlich. Mehr Sorgen bereitet die Kräuselkrankheit. Die alten heimischen weißfleischigen Sorten sind in der Regel widerstandsfähiger als die gelbfleischigen

Rosafarbene Frühlingsgrüße: Pfirsichblüten.

STEINOBST

Ob als Busch oder Spalier erzogen – Nektarinen und Pfirsiche beanspruchen wenig Platz.

ausländischen Züchtungen. Der Pilz infiziert im Frühjahr bei feucht-kühler Witterung. Stark befallene Äste verlieren Blätter und Früchte. Der Neuaustrieb bleibt verschont, doch die Büsche gehen schlecht vorbereitet in den Winter und sind besonders frostgefährdet. Vorbeugend mit Pflanzen-Stärkungsmitteln behandeln (Neudo-Vital).
Monilia: Infizierte, abgestorbene Zweige ausschneiden.

Ernte
Pfirsiche »Marke Eigenbau« sind fruchtig-aromatischer als die grün geernteten aus dem Supermarkt. Anders als beim Apfel reifen zu früh geerntete Früchte nicht nach. Die Reifezeit erstreckt sich je nach Sorte von Juli bis September.

Sorten
Pfirsich
'Kernechter vom Vorgebirge' (= 'Roter Ellerstädter') (alte Sorte, robust, relativ widerstandsfähig gegen Monilia und Kräuselkrankheit; weißfleischig, aromatisch, reift im September, auch für rauhere Lagen geeignet)
'Rekord aus Alfter' (braucht gute Pflege widerstandsfähig gegen Kräuselkrankheit, weißfleischig)
gelbfleischige Pfirsiche: 'Redhaven', 'Redwing', 'South Haven', 'Starking Delicious'

Nektarine
'Nektarrose' (sehr aromatisch, frosthärter und widerstandsfähiger gegen Kräuselkrankheit als gelbfleischige Pfirsiche)

> Es gibt sowohl Pfirsich- als auch Nektarinen-Zwergbäume, die sich gut für die Topfkultur eignen.

KERNOBST

Kernobst

Apfel
Malus × domestica

»In einem roten Apfel drin, da saß ein kleiner Wurm, er fraß genüßlich vor sich hin und schaukelte im Sturm.«
Der Wurm aus diesem Kinderreim (die Raupe des Apfelwicklers) freut sich zurecht seines Lebens, denn seine Ahnen haben eine gute Wahl getroffen. Keine andere Obstart bietet ein solch reichhaltiges Sortiment an Sorten, Äpfel von Juli bis Oktober, von süß bis sauer – für jeden Wicklergeschmack etwas.

Blüte, Befruchtung
Nach Kirschen und Birnen öffnen ab Ende April die Äpfel ihre großen, weißroten Blüten. Eine Sorte blüht früher, die andere später, so daß sich die Apfelblüte insgesamt vier Wochen hinzieht. Trotz üppiger Blütenpracht trägt ein einzelner Baum keine Früchte, denn diese entstehen nur, wenn die Blüte mit Pollen einer anderen Sorte bestäubt wurde. Wachsen in Nachbargärten, in einem Umkreis von bis zu 100 m, weitere Apfelbäume, kann man es mit einem einzelnen Bäumchen versuchen. Auch weißblühende Zieräpfel eignen sich als Pollenspender.

Junifruchtfall, Alternanz
Würden alle Blüten eines Apfelbaums bestäubt werden und sich zu Früchten entwickeln, wären nicht nur die Bienen heillos überfordert, sondern auch der Baum. Mitsamt seinen Mini-Äpfelchen würde er verhungern oder an Erschöpfung sterben. Wenn bei Apfel oder Birne etwa 5% der Blüten ansetzen, erwartet der Obstbauer eine Vollernte.

Zunächst stößt der Baum alle unbefruchteten oder mangelhaft befruchteten Blüten ab. Im Juni macht er nochmals Bestandsaufnahme. Er prüft sich und das Wetter (bei feucht-kaltem wirft er mehr ab) und wirft alles ab, was er nicht ernähren kann, allen voran die kleinsten und mickrigsten Äpfel. Manchen Sorten gelingt die Selbsteinschätzung recht gut, andere werfen zuviel, wieder andere zuwenig Ballast ab.
Sorten, die dazu neigen, sich zu übernehmen, setzen dafür im folgenden Jahr weniger Blüten und Früchte an. Der Baum

Apfel-Spindeln in Reih und Glied, hohe Erträge auf kleinstem Raum.

KERNOBST

alterniert, schimpft der Fachmann. Außer durch regelmäßige Pflege, behutsamen Schnitt und Herunterbinden der Äste kann man diese Alternanz brechen oder mildern, indem man nach dem Junifruchtfall die Früchte ausdünnt. Als Faustregel gilt: alle 10 cm eine Frucht. Kleine, kranke Früchte werden zuerst entfernt.

Die kräftigsten Blüten öffnen sich zuerst, nach und nach folgen die anderen rosaroten Kugeln.

Boden, Klima

Von Feuchtwiesen oder Sanddünen einmal abgesehen, finden sich Äpfel auf jedem Boden zurecht. Weil sie ihre Wurzeln ohne Not nicht sehr tief in die Erde bohren, käme es ihnen entgegen, wenn der Boden nährstoffreich, humos und gut durchlüftet wäre. In schwere, lehmige Böden sollte man Kompost oder Gründünger einarbeiten, um die Struktur zu verbessern. Der Humus des Komposts sorgt mit seinen feinen Poren für eine gute Durchlüftung des Bodens.
Wenn die Temperaturen nicht zu schnell sinken, sich die Bäume also auf die Kälte einstellen können, kommen Apfelbäume meist heil über den Winter. Die Blüten erwischt es ab und zu, deshalb Lagen meiden, wo Spätfröste auftreten. Bei entsprechender Sortenwahl bringen Äpfel auch noch bis 800 m Höhe passable Ernten.

KERNOBST

Die Blätter weiß bepudert, die Triebspitzen verkümmert: Mehltau. Der Pilz tritt vor allem in trocken-warmen Sommern auf.

Wichtig ist ein sonniger Standort. Nur Sonnenäpfel reifen voll aus und bilden ihr typisches Aroma.

Pflege
Selbst 15 m hohe Apfelbäume, die so aussehen, als kämen sie gut alleine durchs Leben, brauchen regelmäßige Pflege, um wieviel mehr erst ihre kleineren Ausgaben. Schlechte Böden erhalten im Frühjahr eine Kompostdüngung, bei anderen genügt die Düngung mit krautigem Mulchmaterial. Zurückhaltend mit Stickstoff düngen, denn mit diesem Nährstoff überschwemmte Bäume fallen besonders schnell Krankheiten (z.B. Mehltau) zum Opfer. Ab Juni, sobald genügend Grünmasse anfällt, sollte der Boden soweit der Kronendurchmesser reicht, gemulcht werden – mit Grasschnitt, Jätegut (ohne Samen), Beinwell oder was sonst zur Verfügung steht, notfalls mit Stroh. Weil die Wurzeln schwach wachsender Unterlagen sehr dicht an der Oberfläche dahin kriechen, ist Hakken verpönt, es sei denn, der ausnahmsweise(!) unbedeckte Boden ist sehr verkrustet, dann vorsichtig die obersten fünf Zentimeter lockern.
Im Herbst, nach der Ernte, streicht man Stamm und dicke Äste mit einer selbstangerührten Mischung aus Lehm, Kuhmist und Schachtelhalmtee oder verwendet ein gekauftes Stammschutzmittel. Dies stärkt die Abwehrkräfte des Baumes, erstickt Schädlinge, die unter der Borke den Winter verschlafen und schützt vor Frostschäden.

Schnitt
Obstbaumschnitt kann man nicht aus Büchern lernen, sondern nur mit der Schere in der Hand und einem Fachmann an der Seite. Wer sich für den Spindelbaum entscheidet, sollte mehr Ahnung von Obstbaumschnitt haben als derjenige, der den größeren Buschbaum (Stammhöhe 40–60 cm) wählt. Spindelbäume bestehen, vereinfacht ausgedrückt, nur aus Stamm und vielen kurzen Seitenzweigen, die die Früchte tragen. Bei Büschen, Halb- und Hochstämmen sitzen die fruchtenden Zweige nicht direkt am Stamm, sondern an alten, starken Ästen, den Leitästen, so wie es dem natürlichen Wuchs des Baumes entspricht.
Altes Holz, das heißt Zweige, die drei Jahre und älter sind, werden entfernt, zu dicht stehende junge Triebe werden ebenfalls herausgeschnitten sowie alle, die nach innen statt nach außen wachsen.
Apfel-Unterlagen für ausgesprochen kleine Bäume sind: M9, M26, M7.

Pflanzenschutz
Apfelwickler, Apfelsägewespe, Apfelblütenstecher, dies sind nur einige der Tierchen, die sich an Äpfeln gütlich tun. Wenn die Bäume sehr voll hängen, schlägt der Verlust kaum zu Buch. Die verbleibenden fallen dafür um so größer aus, da sie mehr Nährstoffe erhalten. Wurmige Äpfel reifen früher als wurmfreie, und gerade bei Frühsorten werden die ersten

KERNOBST

reifen Früchte sehnsüchtig erwartet. Also Wurm samt Hinterlassenschaft großzügig ausschneiden und genießen!

Apfelwickler sind kleine Schmetterlinge, die ab Ende Mai aus dem Winterschlaf erwachen, und ihre Eier an Blättern, Trieben und Früchten ablegen. Die geschlüpften Räupchen bohren sich in die grünen Äpfel ein und fressen drei bis vier Wochen lang. Sie fallen mit dem Apfel zu Boden oder, wenn der Apfel nicht fallen mag, seilen sich an einem Faden ab, um am Stamm hochzukrabbeln und sich hinter der Borke einzuspinnen. Je nach Witterung verpuppen sich die Larven, und die zweite Wickler-Generation schlüpft noch im selben Sommer. Die Weibchen legen ihre Eier diesmal an die halbreifen Früchte, die gepanikt und gestreßt notreifen. Je wärmer, trockener, weniger windig das Wetter, desto mehr Wickler finden in der Dämmerung ihren Apfel und legen Eier. In manchen Jahren und in warmen, trockenen Regionen treten sie verstärkt auf.

Wer dem Wurm seinen Apfel nicht gönnt, sollte zu folgenden Maßnahmen greifen:
- Fallobst konsequent einsammeln und vernichten.
- Nisthilfen für Vögel, Fledermäuse aufhängen.
- Duftstoffe (Wermut, Rainfarn, ätherische Öle) spritzen, die den Apfelgeruch überdecken und die Wickler verwirren.
- Ab Ende Mai Fanggürtel aus Wellpappe um die Stämme legen (20–30 cm über dem Boden). Die Larven verkriechen sich dort, statt hinter der Borke (sollten dies zumindest tun). Ab Mitte Juni regelmäßig kontrollieren, befallene verbrennen und durch neue ersetzen.
- Lockfallen (Fachhandel) in die Bäume hängen. Sie verströmen weibliche Duftstoffe, die die Wickler-Männchen anziehen. Die Falter kleben auf dem geleimten Fallenboden

Kräftige Neutriebe versprechen reichen Erntesegen auch im nächsten Jahr.

KERNOBST

fest. Profi-Obstbauer verwenden diese Methode, um festzustellen, ob und wie viele Falter unterwegs sind und spritzen dementsprechend. Im Garten helfen die Fallen, den Befall um die Hälfte zu reduzieren. (Damit Vögeln, die nach der vermeintlich leichten Insekten-Beute schnappen, nicht Schnäbel und Flügel verkleben, sollten Sie vorsichtshalber ein großgerastertes Drahtgitter vor den Fallen anbringen.)
- Stämme im Herbst abbürsten und mit Lehm-Schachtelhalmbrei bestreichen. Auf diese Weise erwischt man auch die Raupen, die es vorzogen, sich hinter der Borke zu verstecken statt hinter der Wellpappe.
- Nützlinge ('Trichogramma'-Schlupfwespen) kaufen und aussetzen. Diese »nützen« auch gegen Schalenwickler (teuer, unsichere Methode).

Während warmes, trockenes Wetter den Apfelwickler begünstigt, braucht der Schorfpilz nasse Blätter, damit seine Sporen auskeimen können. Er befällt Blätter, Früchte und Triebe und ist vom Frühjahr bis zum Herbst nur damit beschäftigt, zu fressen und sich zu vermehren. In guten, nassen Jahren kommt er auf zehn Generationen. Er gönnt dem Baum keine Verschnaufpause, ständig keimen Schorfsporen aus. Dies äußert sich in verschiedenen Symptomen: Blätter reagieren mit braunen, abgestorbenen Flecken, bei Früchten treten zusätzlich noch grindige Wunden und Risse auf, stark befallene Äpfel verkrüppeln, leicht befallene zeigen nur die braunschwarzen Flecken. Auf gelagerten Äpfeln wächst der Pilz weiter.

Wie allen Pilzkrankheiten beugt man auch dieser besser vor, denn Heilen ist kurzfristig nicht möglich. Da Schorfsporen nur auf nassen Blättern auskeimen, dürfen nur sonnige, offene Standorte für Äpfel gewählt werden, wo der Wind die Blätter rasch trocknet. Jährlicher Schnitt ist erste Gärtnerpflicht, um die Baumkrone licht zu halten und die Besonnung zu fördern. Die zweite Gärtnerpflicht besteht darin, den Boden dick

Ein bißchen Pflege, ein bißchen Schnitt – und Sie ernten jedes Jahr große, saftige Äpfel; hier ist es die Sorte 'Roter Berlepsch'.

KERNOBST

zu mulchen, damit die Bodenlebewesen etwas zu knabbern haben und nicht abwandern. Ob schorfige Apfelblätter zu den Lieblingsspeisen der Regenwürmer gehören, weiß niemand, aber die Würmer fressen sie und töten dabei die Pilzsporen ab.
Vorbeugend mit Schachtelhalmtee oder anderen pilzvorbeugenden (Mycosan) und pflanzenstärkenden Mitteln spritzen. In niederschlagsreichen Gebieten bevorzugt schorfresistente Sorten pflanzen.
Sind Blätter und junge Triebe mit einem weißen, pudrigen Belag überzogen, die Triebe gestaucht und mickrig und die Blätter, vor allem die jüngsten, nach oben eingerollt, kommt als Verursacher nur der Mehltaupilz in Frage. Er tritt in warmen, trockenen Jahren und Gegenden auf. Zum Überwintern zieht er sich in die Knospen zurück, am liebsten in die der Triebspitzen. Temperaturen ab minus 20 Grad töten einen Großteil des Pilzgeflechts. Regelmäßiges Auslichten beugt dem Befall vor. Kranke Triebe wegschneiden, gefährdete Sorten ab April zunächst wöchentlich, später vierzehntägig bis zum Spätsommer mit Staudenknöterich-Extrakt (Milsana) oder Schachtelhalm spritzen. Unempfindliche Sorten pflanzen.
Die flugunfähigen Weibchen des Kleinen Frostspanners, die ab Oktober die Stämme hochkriechen, um ihre Eier abzulegen, fängt man mit Leimringen auf ihrem Weg nach oben ab. Statt

'Alkmene'

weißem Leimringpapier verwendet man besser grünes, da das grüne Papier weniger Nützlinge anzieht und mitfängt. Die Frostspannerraupen müssen ihr Hinterteil immer Bogen schlagend hinter sich her ziehen, weil sie am Bauch keine Beine haben, nur an der Brust und am Hinterende. Ab dem Frühjahr lassen sie sich Knospen, Blüten und Blätter schmecken. In manchen Jahren, wenn sie stark auftreten, fressen sie Bäume kahl. Wenige Exemplare kann man an kleinen Bäumen mit der Hand ablesen.
Blutläuse kleben wie strahlend weiße, flache Wattebäusche an Stamm oder Trieben und besonders gerne an Wunden und saugen Saft. Oft entstehen dadurch krebsige Wucherungen. Zerdrückt man die kleinen Watteläuschen, löst sich die Kolonie in eine braunrote Schmiere auf, deshalb der Name Blutlaus. Wenn sich die Läuse schwarz färben, ist dies der Larve der Blutlauszehrwespe, eines Nützlings, zu verdanken, die die Laus von innen auffrißt. Blutläuse überwintern an der Wurzel, die Larven, die in der Baumkrone bleiben, erleben das Frühjahr meist nicht. Die Zehrwespe tritt vor allem in wärmeren Regionen auf. Wo sie ausbleibt, im Spätsommer die Blutlaus-Kolonien mit Farnkraut-Extrakt bepinseln.

43

KERNOBST

Der 'Weiße Klarapfel' reift bereits im Juli/August.

Ernte, Verwertung

Die zunächst säuerlichen, später leicht mehligen 'Kleräpfel' reifen bereits im Juli. 'Glockenapfel', 'Morgenduft' oder 'Ontarioapfel' sind erst im Oktober erntereif. Nur die frühen Sorten bilden am Baum ihr volles Aroma, können also sofort gegessen werden. Die meisten Sorten müssen nach der Ernte einige Zeit nachreifen. Erst ernten, wenn der Baum seine Früchte freiwillig hergibt: Wenn sich der Stiel durch leichtes Drehen der Äpfel vom Zweig löst.

Äpfel sind zwar gesund – helfen gleichermaßen gegen Durchfall und Verstopfung, bei Nervosität und Fettleibigkeit, stärken Haut, Herz, Magen, sind Bestandteil jeder Frühjahrskur – mit ihrem Vitamin C-Gehalt können viele Sorten allerdings keine Preise gewinnen. Sie haben von allem ein bißchen: Wasser, Zucker, Fruchtsäuren, Pektin, Gerb-, Mineral-, Ballaststoffe, verschiedene Vitamine – und diese Mischung macht's.

Sorten

Adam und Eva hätten ihren Nachkommen viel Ärger erspart, wenn sie damals, als sie ihr Bündel schnüren mußten, geistesgegenwärtig einen Ableger vom paradiesischen Apfelbaum eingepackt hätten. In mühseliger Kleinarbeit versucht man seit Jahrtausenden diesen Apfel nachzuzüchten: ein Baum ohne Fehl und Tadel, an dem sich sowohl Wicklerraupen als auch Mehltaupilze die Zähne ausbeißen, Äpfel das ganze Jahr über, rote – grüne – gelbe, große – kleine, feste – weiche, von süß bis sauer. Die Vielfalt ist nötig, denn die Geschmäcker sind verschieden. Während die einen die mittelgroßen, mild säuerlich, fruchtig aromatischen 'Cox Orange' vorziehen, mögen andere die herbe Säure halbreifer, pfundschwerer 'Granny Smith'. (Diese Sorte wurde Mitte des 19. Jahrhunderts in Australien im Garten von Oma Smith entdeckt und nach ihr benannt). Sowohl neue als auch alte Sor-

KERNOBST

ten schneiden in Geschmackstests gut ab. Egal wie alt eine Sorte ist, schmecken muß sie, sie muß mit dem jeweiligen Boden und Klima zurecht kommen und sollte nicht allzu krankheitsanfällig sein. Importierte Supermarkt-Sorten wie 'Granny Smith', 'Braeburn' oder 'Golden Delicious' reifen bei uns nur in Regionen mit mildem Klima aus.

Sortenauswahl (nach Reifezeit geordnet von Juli bis Oktober):

'Klarapfel' (früheste Sorte, zunächst säuerlich, später leicht mehlig, auf trockenen Böden mehltauanfällig)
'Discovery' (saftig, aromatisch, wenig anfällig für Schorf und Mehltau)
'Wondernot' (guter Geschmack, wenig anfällig für Schorf, leicht für Mehltau)
'Delbarestivale' (saftig, sehr aromatisch, gering anfällig für Schorf, wenig für Mehltau)
'James Grieve' (sehr saftig, säuerlich-aromatisch, sehr guter Geschmack, robust, anspruchslos)
'Oldenburg' (saftig, aromatisch, anfällig für Schorf, Mehltau, Apfelwickler, Blutlaus)
'Alkmene' (guter Geschmack, frostanfällig)
'Gala' (saftig, süß, anfällig für Schorf und Mehltau)
'Cox Orange' (hervorragender Geschmack, saftig, anfällig für Schorf, Mehltau, Blutläuse, Apfelwickler, braucht gute Böden und gleichmäßige Feuchtigkeit)

'Prinz Albrecht von Preußen' (saftig, süßsäuerlich, für höhere Lagen geeignet, robust)
'Landsberger Renette' (ausgereifte Früchte süßsäuerlich, weich, in höheren Lagen unempfindlich gegen Schorf)
'Rubinette' (sehr saftig, sehr aromatisch, etwas schorfanfällig)
'Berlepsch' (sehr guter Geschmack, wenig anfällig für Schorf und Mehltau)
'Weißer Wintercalvill' (ausgereifte Früchte sehr gutes Aroma, Weinbauklima, braucht beste Pflege, für fortgeschrittene Apfelgärtner)
'Ontarioapfel' (säuerlich-herb, auf trockenen Böden anfällig für Mehltau)

Neuere, robuste Sorten, über die wenig Erfahrungen vorliegen:

'Rewena' (reift im Oktober, resistent gegen Schorf, Mehltau, anspruchslos)
'Retina' (resistent gegen Schorf und Mehltau)
'Pikant' (guter Geschmack, widerstandsfähig gegen Schorf und Mehltau)
'Pilot' (guter Geschmack, wenig anfällig für Schorf und Mehltau)
'Pinova' (widerstandsfähig gegen Schorf und Mehltau)

'Cox Orange'

KERNOBST

Birne

Pyrus communis

Der kinderliebe Herr von Ribbeck auf Ribbeck im Havelland, der aus dem Fontane-Gedicht, in dessen Garten ein Birnbaum stand, ließ sich eine Birne mit ins Grab geben.
Da er wußte, daß sein knausriger Sohn den Kindern keine Früchte mehr schenken würde, sorgte er in weiser Voraussicht für einen Ersatzbaum auf seinem Grab.
Groß, goldgelb und saftig sollen sie gewesen sein, diese Birnen. Demnach erfüllte sich nicht nur Ribbecks letzter listiger Wille, sondern es glückte ihm auch auf Anhieb sein erstes jenseitiges Wunder. Aus Samen gezogene Obstbäume lassen sich Jahre Zeit, bis sie zum ersten Mal blühen und fruchten. Und wenn sie es tun, sind sie immer für eine Überraschung gut. Man weiß nie, wie die Früchte aussehen, die Qualität der Muttersorte erreichen sie sehr, sehr selten. Deshalb schneiden die Leute von der Baumschule ein Zweigstück einer bewährten Sorte und transplantieren (veredeln) es auf eine Unterlage, einen jungen Baum, der zugunsten der Edelsorte auf eigene Früchte verzichten muß.

Blüte, Befruchtung

Die weißen Birnenblüten öffnen sich etwa acht bis zehn Tage vor den Apfelblüten, erfrieren öfters und bieten weniger Nektar an als diese. Deshalb tun Bienen zwar ihre Pflicht, allerdings ohne rechte Begeisterung und nur bei schönem Wetter. Naß-kalte Witterung während der Blütezeit verhindert eine optimale Befruchtung ebenso Spätfröste. Anstatt später zu blühen, mehr Nektar zu produzieren, oder sonstwie bienenfreundlichere Blüten zu entwickeln, verfielen Birnen auf eine andere Methode, um trotz aller Widrigkeiten Früchte zu tragen. Sie verzichten manchmal auf die Befruchtung, ohne die nor-

Kaum höher und genauso prächtig wie die Forsythie mit ihrem goldgelben Blütenschmuck: Birnbaum am Drahtspalier.

KERNOBST

malerweise keine Früchte entstehen, und bilden trotzdem (kernlose) Birnen, eine Verpackung ohne Inhalt. Ob mit Samen oder ohne, die Früchte unterscheiden sich nicht im Geschmack, jedoch in der Fruchtform. Nur (befruchtete) Birnen mit Samen sehen aus, wie man es von Birnen erwartet: unten bauchig, oben schmal. Samenlose, unbefruchtete dagegen sind langgestreckt, plump walzenförmig. Da einige ausländische Birnenproduzenten dieser Entwicklung mit Hormonspritzungen nachhelfen, tauchen diese Früchte oft in unseren Supermärkten auf. Manche Sorten ('Williams Christ', 'Conference') neigen mehr zu dieser Jungfernfrüchtigkeit als andere.

Die meisten Früchte entstehen allerdings aus befruchteten Blüten. Da die Narbe sich nicht vom eigenen Pollen befruchten läßt, müssen mindestens zwei oder mehrere Birnbäume gepflanzt werden, wenn nicht Bäume aus der unmittelbaren Nachbarschaft mit ihrem Pollen aushelfen. Aufgepaßt beim Baumkauf, nicht jede Sorte eignet sich als Pollenspender!

Boden, Klima

So zielstrebig wie sie oberirdisch in den Himmel wachsen, so zielstrebig schieben Birnen ihre lange Pfahlwurzel in die Tiefe. Weil sie das Wasser von weit unten holen, überstehen sie Trockenzeiten meist besser als Äpfel. Das gilt jedoch nur, wenn die Birnenedelsorte auf eine Birnenunterlage veredelt wurde. Diese starkwachsende Kombination eignet sich nicht für kleine Gärten, höchstens als Spalier für eine hohe Hauswand. Um Birnen im Wuchs zu zügeln, veredelt man auf flachwurzelnde Quitte, was sich zudem positiv auf die Fruchtqualität auswirkt. Auf Quitte veredelte Birnen verlangen mittelschweren, nährstoffreichen, vor allem gut durchlüfteten, also lockeren, humosen Boden.

Leuchtend rote Staubbeutel umrahmt von strahlend weißen Blütenblättern locken Gäste.

Auf schweren, verdichteten, nassen Böden reagiert diese Kombination ebenso mit ausgebleichten, gelben Blättern (Chlorose) wie auf extrem kalkhaltigen. Windgeschützt sollte der Standort sein, damit der Wind die Birnen nicht vorzeitig vom Baum bläst.

KERNOBST

In rauheren Gegenden werden sie oft an einer schützenden Wand als Spalier gezogen. Die späten Sorten entwickeln nur in klimatisch begünstigten Regionen (Weinbauklima) ihr volles Aroma. Bei naß-kaltem Wetter ein bis zwei Monate vor der Ernte bleiben sie fest, schmecken trocken-fade und bilden verstärkt Steinzellen. Das sind jene harten, grießeligen, bizarr geformten Klümpchen (verholzte Zellen), an denen man sich gelegentlich die Zähne ausbeißt. In witterungs-ungünstigen Jahren bestehen die Birnen mancher Sorten hauptsächlich aus Steinzellen mit wenig weichem Fruchtfleisch. Ein sonniger Standort ist deshalb Voraussetzung für eine gute Birnenernte. In sehr kalten Wintern leiden Birnbäume unter Frost, vor allem die auf Quitte veredelten.

Pflege

Gemulchter Boden bietet den flach verlaufenden Wurzeln optimale Bedingungen. Wegen der frostempfindlichen Quittenwurzeln läßt man den Mulch (Stroh, Laub, Fichtenzweige) den Winter über liegen. Da Wühlmäuse darunter gerne wühlen, empfehlen sich ab und zu Kontrollen. Nur im Spätwinter, vor der Blüte und dem Austreiben der Blätter, entfernt man die schützende Decke, damit der dunkle Boden sich schneller erwärmt. Offener Boden strahlt mehr Wärme ab als gemulchter. Die Differenz von zwei, drei Grad gibt oft den Ausschlag, ob die Blüten den Frost überstehen oder erfrieren. Ist Frost angesagt, helfen nachmittägliche Spritzungen mit Baldrianblüten-Extrakt, das Frostrisiko zu mindern. Niedrige Bäume kann man mit Säcken, Schilfmatten oder ähnlichem über Nacht schützen.

Spätestens ab Mitte Juni sollte die Baumscheibe wieder bedeckt sein.

Die Düngung ist davon abhängig, womit man mulcht. Bei Grasschnitt, Beinwellblättern und anderen grünen, nährstoffreichen Materialien, erübrigt sie sich. Wer Stroh oder sehr holzige Abfälle verwendet, arbeitet im Frühjahr Kompost vermischt mit Gesteinsmehl flach in den Boden ein. Auf mageren Standorten kann man Mistkompost geben.

Die Bäume tragen in sehr trockenen Jahren größere und aromatischere Früchte, wenn man sie ab und zu gründlich gießt. Weil die Quittenwurzeln auf Kalk empfindlich reagieren, sollte nie mit kalkhaltigem Leitungswasser, sondern nur mit Regenwasser gegossen werden. Das gilt insbesondere für Birnen in Kübeln und solche an geschützten Stellen, wo es niemals hinregnet.

Im Herbst erhalten Stamm und dicke Äste einen schützenden Anstrich, der entweder selbst hergestellt wird aus Schachtelhalm, Lehm und wahlweise Kuhmist, oder man benutzt ein käufliches Mittel.

Schnitt

Birnen brauchen viel Licht und Sonne, damit sie kräftige, gesunde Knospen entwickeln. Altes, abgetragenes Holz sowie zu dicht stehende Äste werden entfernt, zu hohe Kronen bei Bedarf auf niedrige Seitenäste abgeleitet.

Ein Birnenspalier, locker formiert, an einer sonnigen Hauswand: platzsparend, gelingt auch Anfängern auf Anhieb!

KERNOBST

Pflanzenschutz

Seit einiger Zeit tritt der Birnengitterrost-Pilz verstärkt auf. Während die Blattoberseite befallener Bäume im Mai, Juni gelbe, später orange-rote Flecken aufweist, wachsen im Laufe des Sommers auf der Blattunterseite aus diesen Flecken braune Anhängsel. In diesen reifen die Sporen, die mit dem Wind zu Wacholdern verfrachtet werden. Befallene Wacholder zeigen verdickte, verwucherte Triebe. Zwei Jahre später treten aus diesen Stellen gelb-schleimige Sporen hervor, die trocknen und sich vom Wind zu einem Birnbaum tragen lassen, wo der Zyklus von neuem beginnt. Feucht-warme Witterung begünstigt das Auskeimen der Sporen.

Fehlt einer der Wirte, ist der Kreislauf unterbrochen, und der andere Wirt bleibt ebenfalls von der Krankheit verschont. Konsequenteste Gegenmaßnahme: Wacholder roden ('Juniperus sabina, J. chinensis, J. virginiana'). ('J. communis' 'Hibernica' wird nicht befallen.) Steht der Wacholder nicht im eigenen Garten, ist guter Rat teuer. Der unmittelbare Nachbar hört vielleicht noch verständnisvoll zu, wenn man sein Anliegen vorträgt, »mein Birnbaum hat Birnengitterrost, könnten Sie bitte Ihren Wacholder roden?« Fünf Häuser weiter hört das Verständnis spätestens auf, selbst wenn man mit einer Zierkirsche oder sonstigem Ersatzbaum unterm Arm vor der Türe steht. Ihnen zum Trost: Der Pilz schwächt den Birnbaum, bringt ihn aber nicht um. Die Infektion erfolgt jedes Jahr neu und beschränkt sich auf die gelben Flecken. Auf diesen Flächen kann der Baum keine Photosynthese mehr betreiben.
Sind nur wenige Blätter befallen, entfernt man diese rechtzeitig und verbrennt sie. Wer einen stark befallenen Baum entblättert, schwächt ihn zusätzlich.
Im Gegensatz zum Birnengitterrost, der fast nur die Blätter befällt, macht der feuchtigkeitsliebende Schorfpilz auch vor den Früchten nicht halt. Vorbeugend schützt eine gut gemulchte Baumscheibe und Spritzungen mit Schachtelhalm oder pflanzenstärkenden Mitteln (Algen, Kräuter). Fressen zum Beispiel Regenwürmer abgefallene, schorfige Blätter, werden die Pilzsporen abgetötet. Die Bäume regelmäßig auslichten, damit Licht eindringen kann und nasse Blätter schneller abtrocknen. Beim Anblick schorfiger, schwarzgefleckter Birnen läuft einem zwar nicht das

KERNOBST

Wasser im Mund zusammen, sie sind jedoch genießbar.

Ernte, Verwertung
Frühe Sorten ('Trevoux', 'Clapp') reifen im August, späte ('Alexander Lucas', 'Gräfin von Paris', 'Pastorenbirne') erst im Oktober. Nur die frühen Sorten bilden bereits am Baum ihr volles Aroma und können frisch gepflückt gegessen werden. Die anderen brauchen nach der Ernte noch etwas Zeit, um nachzureifen. Birnen sind jedoch nicht so lange lagerfähig wie Äpfel. Sie eignen sich gut zum Einwecken, Dörren und ergeben ein gutes Kompott (Zimt und Nelken nicht vergessen!). Reine Birnenmarmelade schmeckt etwas fade und flach, weil den Früchten die rechte Säure fehlt, mit Holunder, Brombeere oder Kiwi gemischt, ist Birnengelee ein Genuß.

Sorten
Bereits die Menschen der Steinzeit aßen gerne Birnen, nur hießen die Früchte damals anders, und deren Größe ließ sehr zu wünschen übrig. Griechen und Römer züchteten und veredelten mit Hingabe. Nachdem germanische Kulturbanausen, völkerwandernd über das römische Reich hergefallen waren, lag nicht nur dieses Reich in Trümmern, auch nach den Obstanlagen und den über 50 Birnensorten suchte man vergeblich.
Zunächst bemerkten die Germanen den Verlust nicht, und als er ihnen ein paar hundert Jahre später auffiel, wußte keiner, wie man Birnen züchtet. Bis Mönche endlich die entsprechende römische Literatur übersetzt hatten, Pläne gemacht und Genehmigungen eingeholt waren, schrieb man das Jahr 1750.
Inzwischen hatten die Franzosen den Trick raus. Sie züchteten und sammelten im 18. und 19. Jahrhundert noch heute bewährte Sorten wie 'Gute Graue' (vor 1700), 'Pastoren-

'Boscs Flaschenbirne'

'Williams Christ'

KERNOBST

'Clapps Liebling'

birne' (1760), 'Gute Luise' (1778), 'Köstliche aus Charneu' (um 1800), 'Gellerts Butterbirne' (1820). Um 1750 fand ein Ziegenhirte in der Nähe von Stuttgart die Sorte 'Stuttgarter Geißhirtle'.
Als die Sorte aller Sorten gilt 'Williams Christbirne', deren Früchte viele nur eingedost oder als schnapsigen Alkohol kennen. Diesen Beitrag zum Birnensortiment lieferten die Engländer um 1770.

Für niedrig wachsende Buschbäume eignen sich folgende Sorten:
'Trevoux' (August, widerstandsfähig)
'Clapp' (August, anspruchslos, wird schnell überreif)
'Williams Christ' (ab Mitte August, hervorragender Geschmack, für warme Lagen, wird schnell überreif, ideal zum Einwecken)
'Gute Luise' (September, sehr guter Geschmack, schorfanfällig)
'Gellerts Butterbirne' (ab Mitte September, sehr guter Geschmack, schorfanfällig, ansonsten robust)
'Bosc' (ab Mitte September, sehr saftig, liebt warme Lagen)
'Köstliche von Charneux' (ab Mitte September, guter Geschmack, für feuchte, nährstoffreiche Böden, schorfanfällig, ansonsten robust)
'Conference' (ab Mitte September, guter Geschmack, robust, wenig schorfanfällig, gut lagerfähig)
'Alexander Lucas' (ab Mitte September, guter Geschmack, bis Januar lagerfähig)
'Vereinsdechant' (ab Ende September, saftig, sehr guter Geschmack, warme Lagen, gute Böden, anspruchsvoll)
'Gräfin von Paris' (ab Mitte Oktober, reift nur in günstigen Lagen, sonst saftloses, zähes Fruchtfleisch, bei Vollreife saftigsüß, gut lagerfähig, liebt Wärme und guten Boden, in regenreichen Gebieten schorfanfällig)

KERNOBST

Quitte

Cydonia oblonga

»Apfel der Schönheit« nannte man sie im antiken Griechenland. Das Bäumchen wird in der Regel nicht höher als 5 m und breiter als 2 m.

Blüte, Befruchtung

Die weiß bis zart roten Blüten öffnen sich erst im Mai. Wegen des späten Termins erfrieren sie selten, die Bäume tragen also regelmäßig. Quitten gelten als selbstfruchtbar, die Bestäubung übernehmen bereitwillig die Bienen.

Boden, Klima

Wie alle anderen Obstarten verträgt auch die Quitte keine verdichteten Böden. Doch abgesehen davon, paßt sie sich sowohl an sandige als auch an lehmige gut an. Auf sehr kalkhaltigen Standorten gerät die Eisenversorgung ins Stocken, die Blätter bleichen aus, nur in den Blattadern hält sich noch ein Rest grüner Farbe. In diesem Fall macht sich regelmäßige Kompostdüngung sowie Mulchen bezahlt. Beide Maßnahmen erhöhen den Humusgehalt und damit die Verfügbarkeit des Eisens.

Da Trockenheit ebenfalls Eisenchlorosen begünstigt, bei Bedarf durchdringend wässern. Quitten brauchen mehr Wärme als Apfel oder Birne, an geschützten Stellen gedeihen sie jedoch auch in rauheren Lagen.

Pflege

Weil Triebe und Wurzeln bei strengen Frösten erfrieren, pflanzt man besser im Frühjahr statt im Herbst. Um Schäden vorzubeugen, kann man Wurzelbereich und Stamm den Winter über mit Strohballen schützen. Jedes Jahr im Frühjahr Kompost auf die Baumscheibe geben, anschließend mulchen.

Schnitt

Junge Bäume bilden auch ohne Schnitt eine locker aufgebaute Krone. Später genügt es, altes, totes Holz zu entfernen sowie zu dichte Kronenpartien auszulichten.

Pflanzenschutz

Krankheiten und Schädlinge sind selten bei dieser robusten Obstart. Abgestorbene, braune Blätter oder Triebe weisen auf Monilia-Pilze hin. Befallene Stellen ausschneiden, sicherheitshalber 20 cm gesundes Holz entfernen.
Schmetterlingsraupen (Frostspanner, Spinner, Wickler) sowie Läuse fressen und saugen, richten jedoch keinen nennenswerten Schaden an.

Kleiner Baum, große Blätter, große Blüten, große Früchte.

KERNOBST

Aus dem portugiesischen Wort »marmelo«, für Quitte, entstand das Wort Marmelade, das früher ausschließlich Quittenmus bezeichnete.

Steinzellen, harte Stellen im Fruchtfleisch, treten sortenabhängig und bei Trockenheit auf.

Ernte, Verwertung

Bereits im zweiten oder dritten Jahr nach der Pflanzung trägt der Baum. Die großen, gelben Früchte reifen spät, im Oktober, müssen jedoch vor den ersten Frösten geerntet werden. Läßt man sie zu lange hängen, neigt das Fruchtfleisch zum Verbräunen, ebenfalls bei zu langer Lagerung. Gelagert halten die je nach Sorte birnen- oder apfelförmigen Früchte etwa zwei Monate. Während man Quitten in den sonnenüberfluteten Mittelmeerländern roh essen kann, sind sie bei uns nur verarbeitet bekömmlich. Das Fleisch birnenförmiger Früchte ist weicher und hat weniger Steinzellen als das trocken harte, dafür aromatischere der apfelförmigen. Neben Vitamin C enthalten die Früchte u.a. Gerbsäure, Zucker sowie viel von dem natürlichen Geliermittel Pektin. Vor dem Verarbeiten den weißen, filzigen Flaum abreiben. Verwertung: Gelee, Kompott, Saft, oft zusammen mit Birnen, Zwetschgen, als Geschmacksverstärker und der Haltbarkeit wegen.

Sorten

Apfelförmige: 'Riesenquitte von Leskovac', 'Konstantinopeler'
Birnenförmige: 'Champion', 'Portugiesische Quitte', 'Vranja', 'Bereczki'

> Der intensive Geruch reifer Quitten hält Kleidermotten fern. Getrocknete Schnitze in den Schrank legen. Sie eignen sich ebenfalls zum Aromatisieren von Tee.

Zierquitte

(*Chaenomeles japonica*, *Ch. spec.*)

Eng verwandt mit der Echten Quitte ist die Schein- oder Zierquitte. Die bekannteste Art, die Japanische Zierquitte, wird bis zu 2 m hoch, ist im April, Mai über und über mit orange- bis scharlachroten Blüten bedeckt und im Herbst mit runden, gelben, stark duftenden Früchten. Diese mit denen der Echten Quitte gemischt, ergeben ein besonders aromatisches Quittengelee.

BEERENOBST

Erdbeeren aus dem eigenen Garten. Keine Supermarktware kann soviel Frische und Aroma bieten.

Beerenobst

Erdbeere

Fragaria × ananassa

Im Mittelalter hätschelte man in den Gärten die heimische Walderdbeere, deren Früchte trotz bester Düngung und Pflege auf ihrer Winzigkeit beharrten. Erst viele Jahrhunderte später, als sich in der Bretagne eine nord- und eine südamerikanische Erdbeerart zu nahe kamen, entstanden aus dieser Liason die Urahnen unserer großfrüchtigen Gartenerdbeere.

Im kleinsten Garten ist Platz für dieses Obst, problemlos wächst es auch im Topf, Kübel oder Kasten.

Blüte, Befruchtung

Erdbeeren sind selbstfruchtbar, die Früchte fallen größer aus, wenn mehrere Sorten zusammen stehen. Die Bestäubung besorgen Bienen, Fliegen und andere Insekten. Blüte: April, Mai.

Boden, Klima

Die Wurzeln der Erdbeerstaude erobern wenig Bodenraum. Meist bleiben sie in den obersten 30 cm, unter einer Mulchschicht noch höher. Jeder Gartenboden, ob schwer oder sandig, kann deshalb rasch, ihren Bedürfnissen entsprechend, mit Kompost oder Gründüngung verbessert werden.

Die Blüten erfrieren in rauhen Gegenden gelegentlich, vorbeugend mit Baldrianblüten-Extrakt spritzen oder abdecken.

Pflanzung

Selten nach einem, meist nach zwei, drei Jahren räumen im August die abgetragenen Erdbeerstöcke das Beet, und die jungen Ausläufer ziehen auf ein neues um. Vom Pflanztermin hängt der nächstjährige Ertrag ab. Wer bereits im Juli pflanzt, wird wenig große, viele mittelgroße und kleine Früchte ernten, wer dies erst Ende August tut, wird wenige, dafür große ernten.

Frigopflanzen, sie bestehen aus vielen Wurzeln und kleinen Blattansätzen (Herzknospe), bietet der Handel im Frühjahr an. Sie sind teuer, sehr wüchsig, treiben (zu) viele Ausläufer und tragen noch im selben Jahr Früchte.

Frühestens nach vier, fünf Jah-

BEERENOBST

ren dürfen wieder Erdbeeren auf das selbe Beet. Gute Vorkultur: Frühmöhren, Salat, Erbsen, Bohnen, Studentenblumen *(Tagetes)*.

Pflanzabstände: 20–30 cm zwischen den Pflanzen, 60–80 cm zwischen den Reihen. Einjährige Kulturen enger, zwei- und dreijährige weiter.

Ins Pflanzloch gibt man Kompost und Gesteinsmehl und gießt anschließend gut an. Mischkulturpartner: Knoblauch, Zwiebeln, Kohlrabi, Spinat.

Pflege

Bei Trockenheit regelmäßig gießen, sonst bleiben die Früchte klein, ledrig und ohne Aroma. Wer Erdbeeren länger als ein Jahr auf dem Beet läßt, sollte im August die Nährstoff-Vorräte mit Kompost auffüllen. Eine Düngung im Frühjahr ist nicht sinnvoll, da sie die Fäulnisanfälligkeit der Früchte fördert. Im Herbst, wenn die Pflanze die Blütenknospen für das nächste Jahr bildet, ist der Nährstoffbedarf am größten.

Erdbeeren mögen humosen Boden und deshalb eine dicke Mulchschicht rund ums Jahr. Während die Früchte reifen, schützt Strohmulch sie vor Verschmutzen, Pilzinfektionen und bis zu einem gewissen Grad vor hungrigen Asseln, Ameisen und Schnecken. Gegen Vögel mit Netzen abdecken.

Pflanzenschutz

Wenn es viel regnet, faulen die Früchte. Sorten, bei denen die Fruchtstände über den Blättern stehen, erleiden weniger Verluste, in frostgefährdeten Lagen erfrieren ihre Blüten jedoch leichter. In sonnigen oder halbsonnigen Lagen trocknen nasse Blätter und Früchte schneller als in schattiger.

Das gesamte Laub im Herbst abzuschneiden, um Pilzerkrankungen einzudämmen, ist nicht sinnvoll. Dies begünstigt schädliche Spinnmilben, die sich den Winter über in der Herzknospe verbergen, während ihre Feinde, die Raubmilben auf den Blättern ausharren. Besser, man entfernt im Frühjahr alte, abgestorbene und kranke Blätter. Bester vorbeugender Pflanzenschutz: spätestens nach drei Jahren neu pflanzen, gesunde Pflanzen kaufen.

Die Sorte **'Florika'** ist eine Kreuzung aus Garten- und Walderdbeere. Sie wuchert innerhalb ein, zwei Jahren das Beet vollständig zu (Erdbeerwiese), braucht deshalb keinen Mulch und, weil sie robust und genügsam ist, weder Pflanzenschutz noch Pflege außer einer spätsommerlichen Kompostdüngung. Einmal gepflanzt, hält sie es 6 Jahre und länger auf dem selben Beet aus. Trockene Sommer überstand sie bisher genauso klag- und schadlos wie regenreiche, ebenso Spätfröste, obwohl frühblühend. Geschmacklich steht sie der Walderdbeere nahe und sticht mit ihrem Aroma alle anderen Sorten aus.

BEERENOBST

Preiselbeere

Vaccinium vitis-idaea

Sie wächst wild in den sauren, sandig-humosen, nährstoffarmen Böden der Heide, in sonnendurchfluteten Kiefernwäldern und in Mooren (in den Alpen bis auf 2300 m). Weil die Wurzeln der 10–30 cm hohen Pflanzen nicht so tief vordringen wie die der Heidelbeeren, gelingt es, sie auch auf weniger günstigen Standorten anzusiedeln. Man muß nur genügend Laubkompost, Nadelstreu, Sägespäne (für nährstoffreiche Böden) oder Walderde vor der Pflanzung in die Erde einarbeiten, bei lehmig-schweren Gartenböden auch Sand. Ein Abstand von 30 cm zwischen den Pflanzen genügt, sie wuchern die Lücken schnell zu und eignen sich deshalb gut als Bodendecker. Wenn man Früchte ernten will, sollte man ihnen unbedingt ein sonniges Plätzchen reservieren, im Schatten setzen sie weniger Beeren an.

Preiselbeeren leben wie Heidelbeeren, Erdbeeren und viele andere Pflanzen in enger Wurzelgemeinschaft mit Pilzen. Gerade auf mageren Böden sind diese für die Pflanzen lebenswichtig, liefern sie ihnen doch Nährstoffe, die wegen ihrer festen Bindung mit bestimmten Bodenteilchen für die Wurzeln unerreichbar sind. Hohe Salzkonzentrationen (Düngesalze) töten die Pilze ab, und es dauert nicht lange, bis auch die Preiselbeere die Blätter hängen läßt. Deshalb Preiselbeeren lieber hungern lassen, dafür dick mit Nadelstreu, Sägespänen oder Holzhäcksel mulchen und während Trockenzeiten gießen.

Preiselbeeren fruchten zweimal im Jahr, eine kleine Ernte liefern sie im Juli – wenn die Maiblüte nicht erfroren ist –, eine üppige im Oktober.

Aus Wildformen wurden ertragreiche, großfrüchtige Sorten ausgelesen: 'Koralle', 'Erntedank', 'Erntesegen'.

Sorten
Empfehlenswert für den Hausgarten: 'Korona' (früh), 'Tenira', 'Gorella', 'Elsanta', 'Gerida', 'Polka'(ersetzt die in den letzten Jahren sehr krankheitsanfällige Senga sengana; geschmacklich nicht ganz so gut), 'Ostara' (immertragende Sorte, fruchtet von Juni bis zu den ersten Frösten, großfrüchtig).

Fruchtende Bodendecker unter hohen Büschen oder auf Baumscheiben: Preiselbeeren brauchen keine Pflege, nur ernten müssen Sie selbst!

BEERENOBST

Heidelbeere
Vaccinium corymbosum

Die Kulturheidelbeere stammt von amerikanischen Wildarten ab. Im Gegensatz zu unserer niedrig wachsenden heimischen Heidelbeere, werden die Büsche bis 1,5 m hoch. Die Beeren sind haselnußgroß, sie schmecken süß und weniger aromatisch als die unserer Wildart. Ihr Saft ist farblos, die Frucht innen grünweiß.

Ursprünglich auf moorigen, feuchten Standorten zu Hause, gedeiht die Heidelbeere, wie Rhododendron und Azaleen, nur auf sauren, humosen Böden. Sie braucht viel Feuchtigkeit von unten und Sonne von oben, damit die Früchte voll ausreifen. Wo der Boden sehr kalkhaltig ist, weicht man besser auf Obstarten aus, die mit diesen Bedingungen zurechtkommen, oder man kultiviert die Büsche in Kübeln. Schwach saure Böden kann man mit Laubkompost, Nadelstreu oder Sägespänen »ein bißchen mehr versauern«. Der früher oft empfohlene Torf gehört ins Moor und nicht in den Garten!

Im Mai öffnen sich die wenig frostempfindlichen, weißroten Blütenglöckchen, die von Wildbienen und Hummeln gerne besucht werden. Heidelbeeren sind selbstfruchtbar, es empfiehlt sich jedoch, zwei oder mehrere Sorten zu pflanzen (in 1–1,25 m Abstand).

Nach etwa acht bis zehn Jahren kommen die Büsche in den Vollertrag. Abhängig von der Sorte reifen die Früchte ab Juli bis Ende September. Im Winter entfernt man alte, abgetragene Triebe und lichtet die Sträucher aus, damit genügend Licht eindringt.

Sorten:
'Bluecrop', 'Berkeley', 'Dixi'.

Heidelbeeren lieben saure und gleichmäßig feuchte Böden. Keine Obstart für trockene Weinbauregionen.

Die niedrigen Sträucher unserer heimischen Heidelbeere *(Vaccinium muntillus)* passen gut als Lückenfüller zwischen die Büsche der Kulturheidelbeere. Ihr flach verlaufender Wurzelstock treibt fleißig Ausläufer, wenn die Bodenbedingungen stimmen. Seit langem nutzen Menschen die heilkräftige Wirkung von Blättern und Beeren, bei Diabetes, Durchfall, Verstopfung, Spulwürmern und sonstigen Magen- und Darmbeschwerden.

Johannisbeere

Ribes rubrum (rote, weiße)
Ribes nigrum (schwarze)

Spät, erst im Mittelalter, wird dieses Obst in Schriften erwähnt, vermutlich entstand es aus Kreuzungen verschiedener Wildarten.
Ihren Namen tragen sie, weil die Beeren mehr oder weniger pünktlich zum Johannistag, dem 24. Juni, reifen.

Blüte, Befruchtung
Menschen übersehen die kleinen, gelbgrünen Blütchen, Bienen fliegen sie zielstrebig an. Die meisten Sorten blühen bereits im März, April und leiden deshalb gelegentlich unter Spätfrösten.
Rote und weiße Sorten gelten im Gegensatz zu den schwarzen als selbstfruchtbar, der besseren Befruchtung wegen sollte man jedoch mehrere Sorten pflanzen.

Boden, Klima
Am wohlsten fühlen sie sich auf nährstoffreichen, leicht zu durchwurzelnden (tiefgründigen), humosen, gleichmäßig feuchten Böden, an einem sonnigen, windgeschützten Ort. Diese paradiesischen Zustände wird nicht jeder Gärtner seinen Johannisbeeren bieten können. Sie nehmen es nicht übel, wachsen und fruchten auch unter widrigeren Bedingungen und in rauheren Lagen. Allerdings sollte der Gärtner seinen guten Willen beweisen, indem er alles unternimmt, um den optimalen Bedingungen nahe zu kommen. Dazu gehört, im Jahr vor der Pflanzung tiefwurzelnde Gründünger zu säen, wie Senf, Ölrettich oder Wicken. Die Sträucher als Lückenbüßer unter niedrige Bäume zu pflanzen, wird keine Freude bereiten, denn an schattigen Stellen läßt die Fruchtqualität zu wünschen übrig.

Pflege, Schnitt
Wegen der flach verlaufenden Wurzeln verlangen Johannisbeeren nach einer ganzjährigen Mulchschicht, die den Boden locker und feucht hält, das Bodenleben aktiviert, die Erde vor Abschwemmung schützt und wertvollen Humus nachliefert. Auf nährstoffreichen Böden eignet sich Stroh zum Mulchen, auf mageren gibt man im Frühjahr angerotteten Kompost oder anderen organischen Dünger.
Der Schnitt bereitet selbst Anfängern keine Schwierigkei-

BEERENOBST

ten. Sowohl Stämmchen als auch Büsche werden nach dem selben Prinzip geschnitten. Triebe, die älter sind als 3 Jahre (rote) bzw. älter als 2 Jahre (schwarze), die wenige, kleine Früchte bringen, entfernt man bis zum Ansatz und zieht junge, kräftige nach. Damit alle Zweigpartien genügend Licht erhalten, bleiben beim Busch, je nach Sorte und Ehrgeiz des Gärtners, Qualitätsfrüchte zu ernten, 8–12 Triebe verschiedenen Alters stehen (jeweils 3–4 ein-, zwei- und dreijährige), beim Stämmchen 6 bis 8. Von diesen Trieben ausgehende Seitenzweige kürzt man soweit, daß eine luftig-lockere Krone entsteht. Wer seine roten oder weißen Johannisbeeren als Hecke am Drahtgerüst zieht, beläßt ihnen 2 oder 3 kräftige Triebe und regt durch Einkürzen dieser Triebe die Bildung von Seitentrieben an, damit sich reichlich Früchte bilden. Vorteil der Heckenerziehung: gleichmäßige Besonnung, leichtere Ernte, weniger Platzbedarf. Die sparrig wachsenden schwarzen Sorten lassen sich nur unter hohem Schnittaufwand am Spalier ziehen, es ist besser, man läßt ihnen ihren natürlichen Wuchs.

Der günstigste Schnitt-Termin ist im Sommer nach der Ernte. Bei den starkwüchsigen roten Sorten bremst der Sommerschnitt ungezügeltes Wachstum.

Pflanzenschutz
Auf trockenen Böden zeigen die Blätter Kalium-Mangel-Symptome: Ältere Blätter vertrocknen vom Rand her und fallen schließlich ab. Wichtig ist in diesem Fall: den Boden ständig feucht halten, mit einer dicken Mulchschicht abdecken und bei Bedarf gießen. Beinwell, Holzasche, Knochenmehl enthalten sehr viel Kalium und können unterstützend gemulcht bzw. gedüngt werden. Normalerweise verfügen Gartenböden in unseren Breiten über genügend Kalium. Mit zunehmender Trockenheit ist der Nährstoff jedoch immer weniger für die Wurzeln verfügbar.

Wenn Blüten oder halbreife Beerchen fallen, spricht der Fachmann von Verrieseln. Ursache dafür kann sein: ungenügende Befruchtung (bei naßkaltem Wetter fliegen nur wenige Hummeln und gar keine Bienen), Frostschäden, Regen, Lichtmangel, Trockenheit, Wurzelverletzungen. Langtraubige Sorten neigen mehr dazu als kurztraubige.

Säulenrost: Im Frühsommer erscheinen auf der Blattunterseite älterer Blätter helle, gelborange Pusteln, die sich später

Die weißen Sorten, hier 'Weißer Versailler', schmecken milder als viele der säurebetonten roten Johannisbeeren.

BEERENOBST

Intensives Aroma und viel Vitamin C – damit trumpfen schwarze Johannisbeeren auf. Wer sie nicht roh mag, wie wär's als Saft oder Likör?

zu gelbbraunen säulchenförmigen Anhängseln entwickeln. Die Blattoberseite sieht fleckig und vergilbt aus. Ursache ist ein Pilz, der, um zu überleben, sowohl auf Johannisbeeren als auch auf Weymouthskiefern (u.a. fünfnadligen Kiefern) wachsen muß. Der Gärtner sollte sich für eine der beiden Pflanzenarten entscheiden. Allerdings transportiert der Wind die Sporen über weite Entfernungen. Wächst die Kiefer in fremden Gärten und die Johannisbeere im eigenen, sollte man zumindest regelmäßig auslichten sowie vorbeugend mit Schachtelhalmtee, noch besser mit Wermutbrühe spritzen. Oder man setzt mehrere Wermutpflanzen in die Nähe der Sträucher.
Mehltau: siehe Stachelbeeren; befällt vor allem schwarze Sorten.

Rotpustelkrankheit: Ein Pilz, der altes, abgestorbenes Holz befällt, an ungepflegten, schlecht ernährten, frostgeschädigten Büschen auftritt. Befallene Zweige ganz entfernen, möglichst tief im Boden abschneiden. (Empfindlich ist die Sorte 'Jonkheer van Tets', die außerdem gerne verrieselt.)
Gallmilben: ab Spätherbst verdickte, kugelige Knospen an schwarzen Johannisbeeren, die nicht austreiben und vertrocknen. Tritt seltener bei roten und weißen Sorten auf, hier schwellen die Knospen nicht so deutlich an. Falls nur einige Knospen befallen sind, diese ausbrechen und vernichten, ansonsten gesamte Zweige ausschneiden, ab März über mehrere Wochen mit Rainfarntee spritzen.
Glasflügler: abgestorbene Triebe, von der Raupe des Glasflüglers leer gefressen. Alarmzeichen sind welkende Triebe im Sommer. Diese ausschneiden und vernichten.
Blasenlaus: blasig aufgetriebene, rote Blätter an roten Sorten, gelb gefärbte an schwarzen Sorten. Bekämpfung nicht nötig.
Vögel: Sträucher mit engmaschigen Netzen abdecken, wenn man nicht teilen möchte.

Ernte, Verwertung

Johannisbeeren reifen im Juni, Juli. Bei anhaltendem Regen zur Erntezeit platzen die Früchte, bei starker direkter Sonnenbestrahlung verbrennen sie (Sonnenbrand) und das Aroma leidet.
Zum Frischverzehr eignen sich besonders die säuerlich-fruchtigen roten und die milderen weißen Sorten, das aufdringliche Aroma der schwarzen begeistert viele Menschen nur im flüssigen Zustand, sei es als Saft, Gelee oder Cassis (französischer Likörwein).
Rote und weiße Johannisbeeren sind zwar sehr gesund, schwarze trumpfen aber mit mehr bzw. wertvolleren Inhaltsstoffen auf. Außer Sanddorn und Hagebutte enthält keine heimische Obstart mehr Vitamin C. Schwarzer Johannisbeersaft wird vorbeugend

BEERENOBST

gegen Erkältungen empfohlen, er wirkt blutreinigend, magenstärkend und hustenlindernd. Die Blätter enthalten ätherische Öle. Ein daraus bereiteter Tee hilft bei leichten Blasen- und Nierenentzündungen und beugt Arterienverkalkung vor. Die aromatischen Blätter sind in vielen Teemischungen enthalten.

Weiße Sorten
'Weiße Versailler' (alte Sorte, frühe, frostgefährdete Blüte, sehr aromatisch)

Rote Sorten
'Heros' (früh, Blüte frostgefährdet, verrieselt leicht, sehr gutes Aroma)
'Red Lake' (wohlschmeckend, ideal für Heckenerziehung)
'Jonkheer van Tets' (aromatisch, rieselt oft)
'Rovada' (robust, große Beeren, guter Geschmack, spät reifend)
'Rolan' (robust, große Früchte)
'Rondom' (hoher Vitamin C-Gehalt, wenig Aroma, sauer)
'Rotet' (rieselfest, große Beeren, robust)
'Rote Vierländer' (mittelgroße Beeren, kräftiges Aroma, robust, anspruchslos, hohe Erträge)
'Heinemanns Rote Spätlese' (spätreifend, hohe Erträge, sehr saure Beeren)

Schwarze Sorten
'Daniels September' (hoher Vitamin C-Gehalt, aromatisch, robust)
'Rosenthals Langtraubige Schwarze' (hoher Vitamin C-Gehalt, stark und breit wachsend, sehr aromatisch)
'Silvergieters Schwarze' (mittlerer Vitamin C-Gehalt, neigt zu Vorernte-Fruchtfall)
'Ometa' (guter Geschmack, resistent gegen Mehltau)
'Titania' (sehr große säuerlich-aromatische Beeren, rieselfest, resistent u.a. gegen Gallmilben, Rost, Mehltau, ertragreich, robust, selbstfruchtbar)

Rote und weiße Johannisbeeren werden als Busch oder Stämmchen angeboten.

BEERENOBST

Stachelbeere

Ribes uva-crispa

Der deutsche Name warnt – ohne dem »Dieb« ein paar blutige Kratzer mit seinen Stacheln zu versetzen, gibt der Strauch seine Früchte ungern preis. Trotz dieser Gegenwehr lieben gerade Kinder die fruchtigsüßen Beeren, weil sie in einer Höhe hängen, die auch Knirpse mühelos erreichen.
Der botanische Name verweist auf die enge Verwandtschaft mit den stachellosen Johannisbeeren.

Blüte, Befruchtung

Die unscheinbaren, grüngelben, einzeln oder in Büscheln stehenden Blüten erscheinen im April und sind frostgefährdet. Innen im Busch versteckte überleben meist, so daß die Ernte nie ganz ausfällt. Stachelbeeren akzeptieren den eigenen Pollen, der Anbau mehrerer Sorten wird jedoch empfohlen.

Boden, Klima

Als ehemalige Waldpflanze verlangt sie, wie Johannis- und Himbeere, nach gleichmäßig feuchten, gut durchlüfteten, humosen Böden. Sie findet sich, wenn es sein muß, auch mit ungünstigen Bedingungen ab. An einem sonnigen bis halbsonnigen Platz reifen die Früchte am besten aus, und die pilzgefährdeten Blätter trocknen zügig.

Pflege, Schnitt

Ihre flach verlaufenden Wurzeln fühlen sich sehr wohl in einem nährstoffreichen, lockeren Boden mit einer dicken Mulchschicht darüber. Auf leichten, mageren Böden im Frühjahr mit Kompost düngen. Vorsicht mit Stickstoff-Düngern – überdüngte Stöcke sind anfällig für Mehltau!
Stachelbeeren gibt es als Busch oder als Stämmchen zu kaufen. Der leichteren Ernte wegen werden sie auch als Hecke am Spalier gezogen. Wie bei den Johannisbeeren entfernt man jährlich alte Triebe sowie alle jungen, die zu flach wachsen und mit Früchten am Boden liegen würden. Es bleiben etwa 8–10 Triebe pro Pflanze stehen. Der Strauch sollte licht und luftig sein, so daß man gefahrlos ernten kann.

Stachelbeer-Blüten:
Ihre Schönheit offenbart sich erst bei näherem Hinsehen.

BEERENOBST

Pflanzenschutz

Der Amerikanische Stachelbeer-Mehltau schmarotzt auf Blättern, Trieben und Früchten. Nachdem der Pilz vor hundert Jahren von Amerika nach Europa eingeschleppt wurde, machte er eine selbst für einen Pilz unglaubliche Karriere. Es gibt zwar auch einen heimischen Stachelbeer-Mehltau, doch seit dem ersten Auftauchen 1905 in Deutschland, läuft ihm der amerikanische den Rang ab.

Den Befall entdeckt man meist erst, wenn die Früchte mit einem weiß-flaumigen Pilzrasen überzogen sind oder noch später, wenn das Weiß-Flaumige sich innerhalb weniger Tage in einen braunen, abkratzbaren ledrig-zähen Belag verwandelt hat. Die Pilzsporen überwintern in den Triebspitzen, infizieren im Frühjahr zunächst Blätter und junge Triebe, die verkrüppeln, und zuletzt die Früchte. Feuchtwarme Witterung im Frühjahr und Frühsommer sowie ungünstiger, schattiger und windstiller Standort begünstigen den Pilz, weil seine Sporen nur auf feuchten Blättern auskeimen und ihr schändliches Werk beginnen können. Die aufgeblähten, dünnwandigen Zellen überdüngter, mastiger Pflanzen knackt der Pilz leichter als die ausgewogen ernährter. Wegen der gestauchten, verkümmerten Triebe wachsen befallene Sträucher kaum noch, außerdem leiden sie, geschwächt wie sie sind, im Winter zusätzlich unter Frost.

'Rote Triumpf'

Was tun?
- Widerstandsfähige Sorten wählen.
- Möglichst optimale Wachstumsbedingungen bieten (sonniger Standort, humoser Boden, mulchen).
- Sträucher regelmäßig auslichten, damit alle Partien ausreichend Licht und Sonne bekommen.
- Zurückhaltend und nur nach Bedarf düngen.
- Mit Farnkraut, Beinwell mulchen.
- Knoblauch in die Nähe der Sträucher pflanzen.
- Ab dem Frühjahr, in Abständen von 8 bis 10 Tagen, mit Schachtelhalmtee, Auszügen aus Staudenknöterich (Milsana), Knoblauch oder auch einem Mittel auf Lecithin-Basis (Bio-Blatt-Mehltaumittel) spritzen.
- Befallene Sträucher nach der Ernte (falls es überhaupt etwas zu ernten gab) stark auslichten. Im Januar, Februar von den verbliebenen Trieben die Spitzen (15 cm) abschneiden, da dort der Pilz überwintert. Ab dem Frühjahr vorbeugend spritzen und Sträucher kontrollieren, sobald sich die Triebe weiß färben, großzügig schneiden.

BEERENOBST

'Hönings Früheste'

Blattfallkrankheit: Wenn die Stachelbeere bereits im Sommer fast bis zur Triebspitze ihre Blätter abwirft, ist der Boden meist nicht gemulcht, zu trocken und zu mager, so daß der Pilz, der dahinter steckt, leichtes Spiel hat.

Ernte, Verwertung

Ab Mitte Juni reifen die Beeren. Bereits drei, vier Wochen früher kann man die grünen kirschgroßen Früchte ernten und als Kuchenbelag verwenden oder zu Kompott verarbeiten. Zum Einwecken oder für Marmelade eignen sich die ausgewachsenen, noch harten Früchte. Ihr volles Aroma entfalten aber nur vollreife Beeren. Werden die Früchte zu stark von der Sonne bestrahlt, bekommen sie zunächst braune Flecken (Sonnenbrand), platzen auf und beginnen zu gären. Mit zunehmender Überreife werfen die Büsche ihre Früchte ab (warten also nicht, bis der Gärtner aus dem Urlaub zurück ist und sie endlich erntet).

Sorten

Weltmeister im Züchten von Stachelbeersorten waren lange die Engländer, die es in ihren besten Zeiten auf über 400 Sorten brachten. Erst der aus Amerika eingeschleppte Stachelbeer-Mehltau bremste ihre Zuchtbegeisterung.

Die Fruchtfarbe der Stachelbeeren variiert je nach Sorte: rot, grün, gelb. Die Haut der Beeren ist glatt oder mit zarten Härchen verziert. Leider befällt der Mehltau-Pilz viele der alten, vor 100 Jahren oder früher gezüchteten Sorten mit besonders aromatischen Früchten, so zum Beispiel 'Gelbe Triumphbeere', 'Grüne Kugel', 'Lauffener Gelbe', 'Maiherzog'. Wenig bis mäßig anfällig zeigen sich 'Rote Triumphbeere', 'Weiße Triumpfbeere', 'Rote Orleans'. Wer sich für alte Sorten entscheidet, muß ihnen einen optimalen Standort bieten, sie pflegen und im Frühjahr wöchentlich, im Sommer zweiwöchentlich vorbeugend spritzen (Schachtelhalm, Staudenknöterich), um ihre Abwehrkräfte zu stärken.

Aus Kreuzungen mit widerstandsfähigen Wildarten entstanden die Sorten 'Rixanta' (gelb), 'Reflamba' (grün), 'Rolanda' (rot) und 'Invicta' (grüngelb). Inzwischen werden auch sie gelegentlich von Mehltau befallen. Am robustesten erwies sich 'Invicta', die doppelt so hohe Erträge liefert wie die 'Weiße Triumpfbeere'. Geschmacklich können die neuen Sorten mit den alten jedoch nicht mithalten.

BEERENOBST

Jostabeere

Was die Natur nicht schaffte, die Züchter erzwangen es: eine Kreuzung zwischen Schwarzer **Jo**hannisbeere und **Sta**chelbeere. Die daraus entstandene Jostabeere überzeugt durch ihre Widerstandskraft gegen Frost und Krankheiten; weder Amerikanischer Stachelbeer-Mehltau noch Blattfallkrankheit, weder Säulchenrost noch Gallmilben können ihr etwas anhaben. Um so mehr Reserven bleiben ihr zum Wachsen. Sie benötigt mehr Platz als ihre Eltern. Ein humoser, nährstoffreicher, gut durchlüfteter Boden, eine dicke Mulchschicht und viel Sonne – das sind ihre Ansprüche.

Der Stachelbeere gelang es nicht, der Tochter ihre Stacheln zu vererben. Die Schwarze Johannisbeere scheint sich überhaupt stärker durchgesetzt zu haben, im Wuchs, in der Fruchtfarbe und Fruchtform. Während bei den Johannisbeeren die Beeren tiefschwarz glänzen, zeigen die Jostas mehr ein stumpfes Schwarz. Ihre Beeren sind größer als Johannisbeeren und kleiner als Stachelbeeren. Vom Geschmack her triumphiert um zwei Aromalängen die Johannisbeere, eine fruchtig-würzige Kombination, die Feinschmecker-Gaumen betört. Für die milde Säure ist unter anderem das reichlich enthaltene Vitamin C verantwortlich. Jostabeeren schmecken frisch oder als Kuchenbelag und ergeben kräftig-aromatische Gelees.

Manche Büsche der ersten Generation erfreuen ihre Besitzer vor allem durch zügelloses Wachstum, als sei dies ihr alleiniger Daseinszweck. Neuere Sorten haben gelernt, wie jedes normale Obstgehölz zu blühen und zu fruchten. In ungünstigen Lagen sind die Blüten spätfrostgefährdet.

Sorten: 'Dr. Bauers Jogranda' (schwacher Wuchs, reift früh), 'Dr. Bauers Jostine' (mittlerer Wuchs, reift spät)

Die Jostabeeren bilden große Büsche, die – mit etwas Glück – jedes Jahr reichlich tragen.

BEERENOBST

Noch ein paar Tage und sie sind vollreif!

Himbeere
Rubus idaeus

Beeren der Hinde (Hirschkuh) oder hintperi nannten sie unsere Vorfahren. Mit wilden Hirschen in unseren Wäldern ist es schon lange vorbei und mit den Wäldern bald auch. Die Himbeere fühlt sich mittlerweile in den Gärten wohler als in ihrer ursprünglichen Heimat. Dies hat auch damit zu tun, daß man sie mit amerikanischen und anderen Verwandten kreuzte, wobei u.a. ihre Früchte an Größe gewannen, an Aroma jedoch ein bißchen verloren. Wer keine großflächige Himbeer-Abteilung in seinem Garten einrichten möchte, pflanzt sie am Zaun entlang, als Raumteiler zwischen Blumenbeete oder zwischen Nutz- und Ziergarten.

Blüte, Befruchtung
Ab Ende Mai beginnt die Blüte und dauert bis zur Reife der ersten Früchte. Himbeeren sind selbstfruchtbar. Viele Obstarten setzen mehr und größere Früchte an, wenn Pollen einer anderen Sorte die Narbe bestäubt. Dies gilt auch für Himbeeren. Sie benötigen wenig Platz, also geben Sie Ihrem Gärtnerherz einen Ruck, pflanzen Sie mehrere Sorten und vergleichen Sie, welche Früchte am besten schmecken.

Boden, Klima
Solange ihre Wurzeln in warmer, lockerer, feuchter, humoser Erde stecken, sind sie zufrieden. Der Untergrund muß durchlässig sein, stauende Nässe vertragen sie überhaupt nicht, genauso wenig schwere, kalkreiche Böden. Leichte, sandige kann man mit Kompost oder Mist verbessern. Die Himbeere liebt volle Sonne, gewöhnt sich jedoch auch an halbschattige Standorte.
Sie ist, was das Klima betrifft, robust und anspruchlos und bringt selbst in rauheren Lagen (bis 1200 m) gute Erträge.

Pflanzung
Gepflanzt wird im Herbst oder im zeitigen Frühjahr. Die Rute kürzt man auf 30–50 cm Länge ein, um den Austrieb zu fördern. Die Wurzeln trocknen leicht aus, deshalb müssen sie möglichst schnell in die Erde. Die über der Wurzel sichtbaren Knospen sollten bis zu 7 cm tief im Boden stecken. Aus ihnen bilden sich die neuen Triebe. Der Abstand zwischen den Pflanzen beträgt 40–70 cm, zwischen den Reihen 1,5 m. Entweder man bietet den biegsamen, schlanken Ruten einen Zaun zum Anlehnen, oder man bastelt ihnen ein Spalier. Einfachste Version: zwischen 2 Holzpfählen in je 50 cm Ab-

BEERENOBST

stand 3 Drähte (oder in 1 m und 1,5 m Bodenhöhe 2 Drähte) quer spannen und die Ruten daran anbinden.

Pflege

Als Waldpflanze an modrig-feucht-warme Erde gewöhnt, behagt der Himbeere eine dicke Mulchschicht ganz besonders, sei es aus Stroh, grobem, angerottetem Kompost oder Mist, aus Laub, Fichtennadeln oder Grasschnitt. (Frischer Mist verbrennt die Wurzeln!) Mulch sorgt für Humusnachschub, lokkert den Boden, hält ihn feucht und liefert Nährstoffe, so daß sich die flach verlaufenden Wurzeln leicht bedienen können. Der Boden darf nie austrocknen!

Wer mit nährstoffarmen Materialien (Stroh, Laub) mulcht, düngt im Frühjahr mit organischen Düngern (z. B. Hornspäne, Knochenmehl), die, eventuell zusammen mit Gesteinsmehl oder Holzasche, unter die Mulchschicht gegeben werden.

Schnitt

Himbeeren schneiden kann jeder – und sollte dies auch regelmäßig tun, um den Ertrag zu sichern. Ruten, die tragen, werden nach der Ernte möglichst tief am Boden ausgeschnitten. Auch bückfaule Gärtner sollten keine Stummel stehen lassen, denn diese bieten Krankheitserregern ideale Eintrittspforten. Von den neuen Trieben entfernt man all diejenigen, von denen man annimmt, »aus denen wird ja doch nichts«, also schwache, kranke, krumme, aus der Reihe tanzende. Die restlichen lichtet man soweit aus, daß nur alle 15–20 cm eine Rute stehen bleibt. Wer mag, kann bereits ab Juni mit dem Auslichten der jungen Triebe beginnen. Zu diesem Zeitpunkt lassen sie sich leicht mit der Hand aus dem Boden ziehen (vorausgesetzt, Sie haben vorschriftsmäßig gemulcht!). Allerletzter Schnitt-Termin ist der Spätwinter.

Die Himbeere liebt volle Sonne, gewöhnt sich jedoch auch an halbschattige Standorte.

BEERENOBST

Pflanzenschutz
Die Würmchen in den Früchten sind die Larven des Himbeerkäfers, der ab Mai aus der Winterruhe erwacht und im Juni seine Eier ablegt. Die Larven verpuppen sich im Boden. Etwas mühsam ist das morgendliche Abklopfen der Käfer von den Zweigen. Leichteren Erfolg verspricht, wenn man ab dem Spätsommer und im Herbst den Boden mit Rainfarnbrühe gießt. Manche Gärtner ziehen vorbeugend engmaschige Netze über das Spalier.
Zeigen junge Ruten blau-violette Flecken, sollte man schleunigst zur Schere greifen und Flecken samt Rute entfernen. Von der Rutenkrankheit befallene Zweige sterben spätestens im nächsten Jahr ab, ohne zu fruchten. Die violetten Flecken verfärben sich zunächst silbrigbraun-grau, bis schließlich die Rinde aufplatzt und die Pilzsporen freigibt. Naßkalte Böden und Witterung, Stickstoff-Überdüngung sowie zu dichter Stand begünstigen die Krankheit. Befallene Triebe vernichten, nicht auf den Kompost!
Lustlos wachsende Pflanzen, mit scheckig aufgehellten, eventuell verkrüppelten Blättern – hier liegt der Verdacht auf Virusbefall nahe. (Wenn die Blätter gleichmäßig gelb gefärbt sind, mit und ohne grüne Blattadern, fehlen bestimmte Nährstoffe.)
Viren werden durch Läuse übertragen und haben schon mancher Sorte den Garaus bereitet. In diesem Fall hilft nur roden, neue, virusfreie Himbeeren kaufen und hoffen, daß sie die üblichen fünf bis zehn Jahre durchhalten, bevor sie erneut infiziert werden. (Nicht wieder auf das selbe Beet pflanzen!)

Von den eng verwandten Himbeeren und Brombeeren gibt es viele Kreuzungen: Taybeere, Loganbeere, Boysenbeere ...

Sorten
Man unterscheidet zwischen einmal- und zweimaltragenden. Einmaltragende:
'Schönemann' (altbewährte Sorte, reift im Juli, große Früchte, hohe Erträge, gutes Aroma, relativ widerstandsfähig gegen Rutenkrankheit)
'Zefa 2' (robust, ertragreich)
'Meeker' (robust, mittelgroße, aromatische Früchte)
'Rutrago' (resistent gegen Blattläuse, daher virusfrei, große Früchte, guter Geschmack)
'Himbostar' (hohe Erträge, große, feste Früchte mit gutem Geschmack)
'Preußen' (alte Sorte mit kleinen sehr aromatischen Früchten, anfällig für Rutenkrankheit und Virosen, selten im Handel)
Gelegentlich bieten Baumschulen gelbfrüchtige Himbeeren an. Bei den zweimaltragenden fruchten bereits die diesjährigen Triebe im Herbst sowie ein zweitesmal im darauffolgenden Sommer.
'Korbfüller' (Reife ab August bis zum Frost, braucht kein Spalier)
'Zefa Herbsternte' (Mitte August bis Oktober, Weinbauklima).

Die Sorte 'Autumn Bliss' trägt nur an den neuen (diesjährigen) Trieben. Erntereif sind die Früchte ab Anfang August bis Ende September. Nach der Ernte werden alle Triebe bis zum Boden zurückgeschnitten, die Pflanzen treiben im nächsten Jahr neu aus. Wegen des totalen Schnitts treten keine Schäden durch die Rutenkrankheit auf. Außerdem blüht die Sorte so spät, daß auch der Himbeerkäfer kaum mehr zur Eiablage kommt. Die Früchte bleiben madenfrei. Eine Züchtung für Anfänger. Sie eignet sich gut für die Topfkultur.

BEERENOBST

Loganbeere

Sie besitzt himbeerartige, große, 3–4 cm lange Früchte, ist allerdings sehr frostempfindlich und deshalb nur etwas für Liebhaber. Die meist dornenlosen, schwachen Triebe brauchen ein Spalier. Im Juli, August reifen die dunkelvioletten, saftigen, fruchtig-sauren Beeren.

Japanische Weinbeere

Der Strauch bildet 2–3 m lange, überhängende Triebe, an denen im Juni oder Juli kleine rosa Blütenrispen erscheinen. Vier Wochen später reifen die naß glänzenden, roten Beeren, die von einer zart bestachelten, braunroten Kelchhülle umgeben sind. Sie schmecken aromatisch wein-fruchtig und enthalten im Gegensatz zur Himbeere garantiert keine Maden. Auch andere Schädlinge oder Krankheiten bereiten der Weinbeere keine Probleme.

Der bei uns nicht ganz winterfeste Strauch liebt schattige bis halbschattige Lagen und ziert mit seinen rot überlaufenen, borstigen Trieben auch nach der Ernte jeden Garten.

Eng aneinander geschmiegt präsentieren sich die Früchte der Weinbeere. Die sanften Borsten der Hülle geben sich militanter als sie sind.

Taybeere

Sie ist eine Kreuzung zwischen Himbeere und Brombeere. Im Wuchs ähnelt sie der Brombeere, die purpurroten Früchte sehen aus wie große, lang gezogene Himbeeren. Die Beeren reifen im Juli und ergeben schmackhafte Konfitüren, Gelees und Kaltschalen. Wer mag, kann die vollreifen, weichen, sehr säuerlich schmekkenden Früchte auch frisch genießen.

Weil die 3–4 m langen Ranken sehr viele Stacheln tragen, ist umsichtiges Pflegen und Ernten ratsam. Robuste und widerstandsfähige, leider nicht ganz winterharte Pflanze, die sich gut als Hecke zum Abgrenzen oder Einzäunen eignet. (Sorte 'Medana')

BEERENOBST

Brombeeren
Rubus spec.

Verhextes Vieh wird wieder enthext, wenn man es durch eine Brombeerhecke treibt, glaubte man früher. Ob die stachellosen Neuzüchtungen den Bann ebenfalls zu brechen vermögen? Bevor Mitte des letzten Jahrhunderts großfrüchtige Sorten aus USA zu uns kamen, wurden wilde Brombeeren meist als Grenzhecke gepflanzt.

Am Spalier gebändigt kann die Brombeere ihre Wuchsfreude voll austoben.

Blüte, Befruchtung
Sie blühen nach den Eisheiligen im Mai, wenn keine Spätfrostgefahr mehr besteht, bis zum August. Da sie selbstfruchtbar sind, teilweise sogar ohne Befruchtung Beeren ausbilden, genügt es, eine Sorte zu pflanzen.

Boden, Klima
An den Boden stellen Brombeeren keine besonderen Ansprüche, mit ihrem weitverzweigten Wurzelsystem holen sie genügend Nährstoffe auch aus schlechteren Böden. Stauende Nässe vertragen sie nicht, auf sehr trockenen Böden bleiben die Beeren klein, saftlos und fade. Ein sonniger, windgeschützter Platz und gleichmäßig feuchter Boden behagen ihnen am besten.
In strengen Wintern erfrieren die Ruten manchmal, treiben im Frühjahr jedoch neu aus, und tragen frühestens im Jahr darauf wieder Früchte. Weil die meisten Beeren im September reifen, sind alle Standorte ungeeignet, wo die ersten Fröste bereits im Frühherbst auftreten. Höhenlagen über 500 m sollte man meiden.

Pflege, Schnitt
Wegen der Frostempfindlichkeit ist es besser, im Frühjahr zu pflanzen. Die Ranken brauchen ein Spalier. Für gelegentliche Kompostdüngung ist die Pflanze

BEERENOBST

Süße Brombeer-Köstlichkeiten oder schwarze Säurekugeln? Der Zapfen verrät, ob die Ernte lohnt!

dankbar, ebenso für eine dicke Mulchschicht den Sommer über. In Gegenden mit starken Winterfrösten schützt man den Wurzelbereich vorsichtshalber mit Stroh, Reisig oder Laub, zusätzlich kann man Einzelpflanzen mit Schilfmatten umhüllen, oder man bindet die Ranken vom Spalier los und überwintert sie abgedeckt am Boden.

So wohl sich verschiedene Nützlinge in einem undurchdringlichen Brombeer-Dickicht fühlen, der Gärtner wird wegen des besseren Ertrags mehr Freude an ordentlich am Spalier befestigten und regelmäßig geschnittenen Pflanzen haben. Der beste Schnitt-Termin ist im Spätwinter, etwa Anfang März, bevor die Ranken austreiben und ausnahmsweise nicht nach der Ernte. Alle Ruten, alte und junge, werden sortenabhängig auf 4 bis 7 kräftige Jungtriebe entfernt. Im Sommer kürzt man alle Seitentriebe auf 1 bis 2 Knospen ein.

Pflanzenschutz
Bei feuchter Witterung faulen die Beeren. Bleiben die Früchte rot, sauer und hart, sind winzig kleine Milben am Werk. Boden mulchen, da Trockenheit Milbenbefall fördert, sowie im Herbst und Frühjahr Wermut- oder Rainfarntee spritzen.

Ernte, Verwertung
Brombeeren färben sich etwa eine Woche bevor sie ihr volles Aroma entwickeln schwarz. Erst wenn auch der Zapfen, den die Beere umschließt und der bei der Ernte mit abbricht, seine Farbe von weiß zu blau-violett färbt, lohnt die Ernte. Vorsicht, der Saft hinterläßt schwer zu entfernende Flecken. Kurz vor der Überreife schmecken die Beeren sehr gut. Sie wirken blutbildend sowie magenstärkend und enthalten wertvolle Vitamine, Fruchtsäuren, Pektine und Schleimstoffe. Tee aus gerbstoffreichen Brombeerblättern hilft gegen Durchfall und bei leichter Blinddarmreizung.

Sorten
Es gibt aufrecht wachsende 'Wilsons Frühe' (robust, wenig frostempfindlich, mäßiger Geschmack), die wie Himbeeren erzogen werden sowie rankende bestachelte und unbestachelte Sorten. Letztere lassen sich zwar ohne Kratzer ernten, die Früchte sind dafür weniger aromatisch.
'Theodor Reimers' (stark bestachelt, Beeren mit sehr gutem Aroma, robust, hohe Erträge, auch für leichte Böden)
'Black Satin' (hohe Erträge, säuerlich-aromatischer Geschmack, Beeren aber fäulnisanfällig)
'Thornless Evergreen' (stachellos, mittelgroße, feste Früchte)

> Brombeeren und Himbeeren mögen sich nicht. Sie gedeihen weder nebeneinander noch nacheinander auf dem selben Beet.

71

BEERENOBST

Weintraube
Vitis vinifera

Als der seekranke Noah sein schaukelndes Schiff endlich verlassen durfte, bearbeitete er die Scholle und pflanzte Reben, so steht es in der Bibel. Weiter erfährt man, daß es wegen seiner Räusche öfters Ärger im Hause Noah gab. Wer auf diesen Ärger verzichten möchte, sollte sich lieber die süßen Trauben schmecken lassen, anstatt sich als Kellermeister zu betätigen. Bei unseren heimischen Sorten besteht kein Unterschied zwischen Tafeltrauben und Weintrauben.

Blüte, Befruchtung
Die kleinen, unscheinbaren Blüten öffnen sich im Mai, Juni. Bei den Vorfahren unserer Weinreben saßen männliche und weibliche Blüten getrennt auf jeweils einer Pflanze. Heute ist diese Art einhäusig und selbstfruchtbar. Bei naß-kalter Witterung im Frühjahr besteht die Gefahr, daß die Stöcke die Blüten abstoßen (Verrieseln).

Boden, Klima
Ein weitverzweigtes Wurzelwerk sorgt dafür, daß die Pflanze auch auf schlechten Böden alle Nährstoffe bekommt, die sie braucht. Extreme Standorte, zu naß, zu trocken, zu flachgründig, mag sie nicht. Auf kalten, schweren Böden leidet der Geschmack der Trauben.
Damit die Beeren ihr volles Aroma entwickeln, brauchen sie viel Licht und Wärme. Ein sonniger, windgeschützter Platz an einer Mauer oder Pergola, in einem Laubengang, einem Innenhof oder im Glashaus behagt ihr am meisten. Je rauher die Lage, desto sonniger sollte der Standort sein. Über 500 m Höhe taugt die frostempfindliche Weinrebe allenfalls noch als Fassadenbegrünung, süße, vollreife Früchte wird man nur selten ernten.

Pflege
In Weinbau-Gegenden kann man im Herbst pflanzen, ansonsten kauft und pflanzt man die Reben besser im Frühjahr. Nachdem der Boden sich erwärmt hat, braucht der Weinstock spätestens ab Mai, Juni

Wenn sie sich an eine warme Süd- oder Westwand lehnen dürfen, gedeihen Reben auch außerhalb der Weinbaugebiete.

eine dicke Mulchschicht. Auf sehr leichten, nährstoffarmen Böden gibt man Ende Februar Kompost, ansonsten erübrigt sich eine Düngung. Da alte Weinstöcke sehr tief und weitverzweigt wurzeln, ist es schwierig, den Dünger richtig zu plazieren. Daß die genügsamen Pflanzen gut alleine zurecht kommen, beweisen zahlreiche, mächtig und prächtig bis unter die Dachluke rankende Hausreben, die nie Dünger erhielten.

Schnitt

Ungeschnittene Reben tragen zwar auch, wegen Überbehang und mangelnder Belichtung bleiben die Beeren jedoch klein und sauer. Es sollte spätestens bis Anfang März geschnitten werden, später führen die Stöcke viel Saft, und die Wunden bluten stark. Anders als viele Obstgehölze bildet die Rebe kein Wundgewebe, das die offenen Stellen schließt. Um große Wunden zu vermeiden und wegen des starken Wachstums, verlangt der Weinstock jährlichen Schnitt. Dieser muß bei Hausreben nicht so kunstvoll ausfallen wie in den Weinbergen der Profiwinzer.
Im Winter entfernt man 80 bis 90% der jungen Triebe; die übrigen, gleichmäßig am Stock verteilten, die im nächsten Jahr Fruchttriebe bilden, werden auf 2 bis 3 Knospen zurückgeschnitten. Nicht direkt über der Knospe schneiden, sondern 2 cm höher. Im Juli kappt man alle fruchttragenden Triebe, so daß nur 3 bis 4 Blätter nach der letzten Traube stehen bleiben. Alle anderen Triebe entspitzt man oder entfernt sie ganz. Dies fördert die Belichtung und damit die Qualität der Trauben.

Saftigsüße Trauben, die den Sommer speichern.

Pflanzenschutz

<u>Echter und Falscher Mehltau</u>: vorbeugend mit Pflanzenstärkungsmitteln spritzen (schwefelsaure Tonmehle, Staudenknöterich-Extrakt, Ackerschachtelhalm)
Gegen <u>Vögel</u> und <u>Wespen</u> die Trauben mit feinmaschigen Netzen abdecken.

Sorten

Die bei uns in den Geschäften angebotenen, importierten Tafeltrauben mit walnußgroßen, sonnen- und chemieverwöhnten Beeren, stammen von Sorten, die in unserem Klima nicht gedeihen.
Dafür bieten die kleinbeerigen viel mehr an Aroma und Geschmack als diese Zuckerwasser-Trauben.
'Blauer Portugieser', 'Roter Gutedel', 'Weißer Gutedel', 'Ortega', 'Königin der Weingärten' (gut geeignet für Topfkultur und fürs Glashaus).

BEERENOBST

Kiwi
Actinidia chinensis

Diese Schlingpflanze stammt aus subtropischen Zonen Chinas und heißt auch Chinesische Stachelbeere. Als die Neuseeländer mit dem Kiwi-Export begannen, suchten sie nach einem griffigen Namen für die neue Obstart und benannten sie kurzerhand nach dem neuseeländischen Nationalvogel.
Die Kiwi wächst in Mitteleuropa nur in klimatisch sehr begünstigten Regionen, und selbst dort erfriert sie gelegentlich.

Blüte, Befruchtung
Die 4–6 cm großen, weiß- bis cremefarbenen Blüten erscheinen im Juni, sofern die jungen, dekorativ rot gefärbten Triebe nicht vorher erfroren sind. Männliche und weibliche Blüten sitzen getrennt auf verschiedenen Pflanzen. Es braucht deshalb mindestens eine männliche und eine weibliche Pflanze, damit auf der weiblichen Früchte entstehen. Die Bestäubung der nektararmen Blüten übernehmen Hummeln und der Wind.

Boden, Klima
Kiwis lieben sauren, tiefgründigen, lehmig-humosen Boden. Auf sehr feuchten Standorten kümmern die Pflanzen oder gehen ein. Um den hohen Ansprüchen zu genügen und den Boden entsprechend vorzubereiten, sät man im Jahr vor dem Pflanzen tiefwurzelnde Lupinen, Ölrettich oder Ackerbohnen (Gründüngung) und arbeitet die abgefrorenen Rückstände im Frühjahr ein.
Genauso hoch wie die Ansprüche an den Boden sind die an das Klima. Subtropische Wärme und hohe Luftfeuchtigkeit mögen Kiwis am liebsten. Wenn sie, wie in unseren Breiten, auf eines von beiden verzichten müssen, ziehen sie warm-trockenes Klima (Weinbauregionen) feucht-kühlem vor. Gut gedeihen sie an geschützten Süd- oder Westwänden, an wärmespeichernden Mauern, unter Pergolas und im Gewächshaus. Sanfte Brisen vertragen die Pflanzen, bläst der Wind etwas stärker, brechen die zarten Triebe und Früchte.

Pflanzung
Wer im Herbst pflanzt, muß die Kiwis gut gegen Frost schützen. Wer sich für das zeitige Frühjahr entscheidet, sollte nur im Freiland abgehärtete Ware kaufen, keine wärmeverwöhnten Gewächshaus-Kiwis. Als optimal gilt die Pflanzung ab Ende Mai bis zum Juli, wenn die Frostgefahr vorüber ist. Hierfür eignen sich nur im Topf gekaufte Kiwis (Containerpflanzen).

BEERENOBST

Wie Rhododendron, Azaleen und Heidelbeeren stecken Kiwis ihre Wurzeln gerne in saure Erde. Um nachzuhelfen, kann man den Boden mit angerotteten, »sauren« Materialien wie Eichenlaub, Sägespäne oder Holzschnitzel vor dem Pflanzen verbessern. Reichliche Kompostgaben (kalkarmen Mist-

Nur Frost oder naßkaltes Wetter kann das ungestüme Wachstum dieser Schlingpflanze bremsen. Wenn sie tragen, tragen Kiwis reichlich.

oder Laubkompost verwenden) fördern das Anwachsen. Stabile Stützgerüste sollten vor dem Pflanzen installiert werden. Der Abstand zwischen den Pflanzen beträgt 3–4 m.

Pflege

Kiwi-Gärtner sind das ganze Jahr über beschäftigt: Sie mulchen vom Frühjahr bis zum Herbst, schneiden im Winter und Sommer, düngen im Frühjahr, gießen im Sommer, ernten im Spätherbst. Die Mulchschicht liefert den nötigen Humus-Nachschub, hält den Boden sowohl krümelig-locker als auch feucht und liefert Nährstoffe. In den ersten zwei, drei Jahren finden die Pflanzen genügend Nährstoffe, später düngt man jedes Frühjahr mit Hornspänen, Blutmehl, verrottetem Stallmist oder anderen groben organischen Düngern, die ihre Nährstoffe langsam abgeben.
Da die großen, zarten Blätter viel Wasser verdunsten, mehr als es bei uns regnet, muß den Sommer über regelmäßig gegossen werden. Wer die Frühjahrsdüngung vergessen hat, kann dem Gießwasser Flüssigdünger (verdünnte Brennesseljauche, vergorenen Stallmist) zusetzen.

Schnitt

Kiwi-Ranken wachsen in einem Sommer ohne sich anzustrengen 5 m, in guten Jahren auch das Doppelte. Sie umschlingen alles, Drähte, Holzpfähle, andere Pflanzen und die eigenen Ranken. Wer nicht von Anfang an aufpaßt, wird im Kiwi-Dschungel bald den Überblick verlieren. Deshalb heißt es: schneiden, schneiden, schneiden. In den

BEERENOBST

In verschwenderischer Fülle bieten die Blüten ihren Pollen feil.

ersten Jahren müssen die Pflanzen am Spalier oder der Pergola formiert werden. Später genügt das Entfernen alter, erschöpfter Zweige und Auslichten. Man schneidet Ende Februar, Anfang März, wenn keine starken Fröste mehr zu erwarten sind, und andererseits die Kiwi-Triebe noch nicht viel Saft führen. Zu spät geschnittene Kiwis bluten sehr stark, manchmal mehrere Tage lang.

Im August ist der zweite Schnitt fällig. Damit die Triebe nicht zu viele Nährstoffe abziehen, werden alle fruchttragenden Zweige 5 bis 7 Blätter hinter den Früchten gekappt. Die besser belichteten Kiwis bilden mehr Aroma und Zucker.

Bleichgesichtige Kiwis?

Kalkhaltiger Boden mißfällt den Kiwi-Wurzeln. Sie können nicht genug Eisen aufnehmen und die Blätter hellen auf. Gerade die Erde an Hausmauern ist häufig mit Kalkputz belastet. Wer unliebsame Überraschungen vermeiden möchte, läßt vor dem Pflanzen den Boden untersuchen ... und kauft notfalls seine Kiwis weiterhin im Supermarkt. Gleiches gilt für Gärtner, die den extrem frostempfindlichen Pflanzen keinen warmen, geschützten Standort bieten können.

Pflanzenschutz

Während sich die Kiwi gegen ihre gewaltsame Verschleppung nach Europa nicht wehren konnte, zogen es ihre pilzlichen und tierischen Verehrer vor, in der subtropischen Heimat zu bleiben. Ein paar Krankheiten und Schädlinge belästigen die exotische Kiwi auch in unseren Breiten, aber der Schaden hält sich in Grenzen. Kaninchen und Hasen knabbern gerne an der saftigen, nährstoffreichen Rinde. Gelegentlich treten Schildläuse auf.

Ernte, Verwertung

Die sonnenhungrigen, Vitamin C-reichen Früchte reifen spät, im Oktober oder November. Sie überstehen Frost bis $-2°C$, dürfen aber im angefrorenen Zustand nicht geerntet werden. Vor dem Verzehr oder Verarbeiten (Gelee, Marmelade, Saft, Trockenfrüchte, Bowle ...) entfernt man die säuerlich-bitter schmeckende Haut.

Sorten

'Hayward' (große, wohlschmeckende Früchte, braucht viel Wärme, wächst stark)
'Abbot' (mittelgroße Früchte, mittelstarker Wuchs)

'Weiki' – Kiwi ohne Starallüren

Sie trotzt Frösten bis $-30°C$, verzeiht dem Gärtner, wenn er sie vernachlässigt, weder düngt

> Wer Quark, Joghurt oder sonstige Milchprodukte mit Kiwis verfeinert, sollte die Speisen bald essen. Innerhalb von wenigen Stunden entstehen Bitterstoffe, die den Geschmack beeinträchtigen.

BEERENOBST

noch schneidet und sie einzig und allein zum Ernten besucht. Den 'Weikis' wohlwollende Menschen lichten alle paar Jahre das Trieb-Wirrwarr aus. Die widerstandsfähige und anspruchslose Sorte mag saure Böden, kommt jedoch auch auf kalkhaltigen zurecht. Am liebsten rankt sie in windgeschützter, halbsonniger Lage an einem Maschendrahtzaun, einem Holzspalier oder einer Laube. Wie bei der chinesisch-neuseeländischen Schwester sitzen auf einer Pflanze entweder nur männliche oder nur weibliche Blüten. Es müssen also mindestens zwei Exemplare gepflanzt werden – im Abstand von 2 m, wobei man auf die Hauptwindrichtung achten sollte. Auf leichten Böden im Frühjahr mit reifem Kompost düngen.

Die glattschaligen, walnußgroßen Früchte reifen Mitte Oktober, enthalten viel Vitamin C sowie einiges mehr, was die große Kiwi nicht oder nicht in dieser Menge zu bieten hat. Die duftenden Blüten öffnen sich erst Ende Mai. Starke Fröste im Frühjahr können die jungen Triebe schädigen. Die gesamte Ernte fällt dem Frost allerdings nur selten zum Opfer, wie jahrzehntelange Erfahrungen am Institut für Obstbau der Universität Weihenstephan beweisen. Trotz des rauhen Voralpenklimas hängen die Stöcke dort fast jedes Jahr übervoll. Außer dieser **Wei**henstephaner **Ki**wi *(Actinidia arguta)* bieten Baumschulen auch die Sorten 'Ambrosia' und 'Maki' an sowie ungezähmte Verwandte (Zierformen) mit ebenfalls eßbaren Früchten:

Gelber Strahlengriffel *(Actinidia arguta):* zweihäusig, säuerliche Früchte

Rosa Strahlengriffel *(A. kolomikta):* Weil nur die männlichen Pflanzen das ganze Jahr über dekorativ rosa bis rot gefärbtes Laub tragen, sind weibliche selten im Handel.

Diese Kiwi-Art ist hart im Nehmen. Sie stellt weder an den Boden, noch an das Klima, noch an den Gärtner besondere Ansprüche.

Nüsse

Haselnuß
Corylus avellana, C. maxima

Sie ist unsere älteste heimische Obstart und bildete während der Steinzeit, als es einige Grade wärmer war als heute, richtige Wälder. Die Menschen sammelten die nahrhaften Nüsse und lebten von diesen Vorräten den Winter über und in Notzeiten.
Tragen die Büsche viele Nüsse, gibt's einen strengen Winter, sagt eine Bauernregel.

Blüte, Befruchtung
Die als Kätzchen bezeichneten Blüten liefern den Pollen. Die weiblichen Blüten sitzen auf dem selben Strauch, lassen sich jedoch nur vom Pollen einer anderen Sorte bestäuben. Den Pollen überträgt der Wind. Haselnüsse blühen sehr früh, in milden Wintern schon Ende Januar. Die Kätzchen erfrieren leicht.

Boden, Klima
Selbst an relativ trockenen Standorten oder Böschungen tragen die anspruchslosen Büsche einigermaßen. Gut eignen sie sich als Schattenspender für den Kompostplatz, erreichen wegen des üppigen Bodens dort oft beachtliche Ausmaße.

NÜSSE

Die Sträucher stehen zwar in mancher Windschutzhecke, aber sie tragen mehr und fühlen sich dort wohler, wo der Wind nur sanft bläst. Wenn man ihnen keinen halbsonnigen, windgeschützten Platz bieten kann, sollten sie parallel zur Hauptwindrichtung gepflanzt werden und nicht frontal dazu als Windbrecher. An ungünstigen Standorten entscheidet man sich besser für Wildhaseln (kleinere Nüsse, leidliche Erträge) und verzichtet auf die teureren Sorten. Im Gegensatz zu den männlichen Blüten sind die Sträucher sehr frosthart. Damit die Wintersonne sie nicht zu früh zum Blühen animiert, sollte man allzu sonnige Standorte (Südlagen) meiden. Sie trägt an geschützten Stellen auch in höheren Lagen. Da der Strauch recht groß wird, nur für größere »kleine« Gärten geeignet.

Pflege, Schnitt

Wegen der frühen Blüte pflanzt man junge Büsche besser im Herbst, im Abstand von 4–5 m. Nach fünf bis acht Jahren tragen sie die ersten Früchte. Wer Kompost übrig hat, kann ältere Sträucher damit im Frühjahr düngen. Profi-Gärtner achten darauf, daß die Äste der Büsche von Jugend an mehr in die Breite als in die Höhe wachsen

Wenn andere Bäume noch ruhen, blühen die Haselnüsse bereits.

NÜSSE

Typisch für die Lambertsnüsse sind die langen Kelchhüllen.

(Hohlkrone), erwachsene Bäume lichten sie regelmäßig auf 5–8 Äste aus. Freizeit-Gärtnern sei empfohlen, zumindest ab und zu auszulichten und die bis 7 m hohen Sträucher niedrig zu halten. Am Ertrag läßt sich der Erfolg messen.

Pflanzenschutz
Gelegentlich erheben Eichhörnchen, Eichelhäher, Elstern und Krähen Anspruch auf einen Teil der Ernte. Das Nachsehen haben sowohl sie als auch der Mensch, wenn vorher der Haselnußbohrer in nahezu allen Nüssen seine Kinderstube eingerichtet hat.

Wurmige Haselnüsse
Die Weibchen des Haselnußbohrers legen im Mai, Juni je ein Ei in die noch weichen, grünen Nüsse. Das Loch verschließen sie mit einem Sekrettropfen. Haselnuß und Larve wachsen, die Nuß nur äußerlich, die Larve »innerlich« auf Kosten des Kerns. Die Larven fallen mit der leergefressenen Schale zu Boden oder seilen sich ab und verpuppen sich bis zu drei Jahre im Boden. Diese Rüsselkäfer sind bei uns weit verbreitet und vernichten oft einen Großteil der Ernte.
Was dagegen tun?
- Im Mai oder Juni die Käfer morgens von den Zweigen auf ausgelegte Folien klopfen; diese mühsame Prozedur mehrmals wiederholen.
- Kleine Sträucher ab Mai mit engmaschigen Schutznetzen abdecken.
- Bei großem Ausfall im Jahr zuvor: im Juli alle Nüsse entfernen und vernichten; larvenfreie sind kaum von besetzten zu unterscheiden.

Wenn Sie Glück haben, findet sich in Ihrem Haselstrauch eine Haselmaus ein.

NÜSSE

Zellernüsse erkennt man an den kurzen Kelchhüllen.

- Im Frühjahr und Herbst den Boden unter den Büschen hacken.
- Büsche im Sommer gründlich gießen.
- Hühner anschaffen (ausleihen), die die Larven und Puppen aus dem Boden scharren und fressen.
- Schlupfwespen, Vögel, Igel, Spitzmäuse fördern.
- Im Spätsommer, Herbst den Boden durchdringend mit Rainfarnbrühe gießen.
- Zellernüsse pflanzen. Sie sollen weniger befallen werden als Lambertnüsse.

Ernte, Verwertung
Je nach Sorte reifen die Nüsse ab August bis Oktober. Schüttelt man sie auf Tücher oder Folien, kann man müheloser aufsammeln. Vor der endgültigen Lagerung unbedingt gut trocknen, damit sie nicht schimmeln.
Die Nüsse enthalten sehr viel Eiweiß und ungesättigte Fettsäuren sowie Mineralstoffe (Calcium, Kalium, Magnesium).

Sorten
Man unterscheidet zwei Arten: die heimischen, robusteren Zellernüsse ('C. avellana') mit kürzerer Kelchhülle als die Frucht, bekannteste Sorte 'Hallesche Riesen' – und die von den Römern mitgebrachten Lambertnüsse ('C. maxima') mit schmaler, langer Kelchhülle. Daneben gibt es noch verschiedene Kreuzungen, z.B. 'Webbs Preisnuß', eine Lambert-Hybride.
Bluthaseln fallen durch ihre roten Blätter auf, tragen jedoch nicht allzuviel.

Die Sträucher setzen keine Nüsse an? Vielleicht stehen sie zu schattig, möchten mehr Licht, oder sie wurden zuviel gedüngt. Vielleicht bläst der Wind zu heftig oder die Kätzchen haben Frost abbekommen.

Wildobst

Mispel
Mespilus germanica

Der Name täuscht, aus Deutschland stammt sie nicht. Vermutlich nahm sie den üblichen Weg über Kleinasien zunächst zu den Griechen, von dort zu den Römern, und diese brachten sie als »Reiseproviant« auf ihren Eroberungszügen mit nach Germanien. Verwilderte Mispeln findet man heute in der Nähe von vielen ehemaligen Römerplätzen. Im Mittelalter gehörte diese Obstart zum Standardsortiment jedes Gartens. Sie wurde gehegt und gepflegt, man versuchte sogar, ihren bizarren Wuchs am Spalier zu zähmen. In unserem Jahrhundert ist das Interesse an ihr fast völlig erloschen.

Zu ihren nächsten Verwandten gehören Zwergmispel ('Cotoneaster'), Felsenbirne, Weißdorn und die Japanische Wollmipsel ('Eriobotrya'), deren ähnlich aussehende Früchte bei uns als »loquat« oder »nisperos« verkauft werden.

Wegen der späten Blüte, im Mai oder Juni (nachdem die Fröste vorüber sind), tragen Mispeln regelmäßig. Der langsam wachsende, kurzlebige Baum wird je nach Standort 2–6 m hoch.

Mispeln gediehen schon im Mittelalter in den Obstgärten.

WILDOBST

Nach 15–20 Jahren beginnt er zu vergreisen. Er liebt einen voll- bis halbsonnigen Platz, mag viel Wärme und gedeiht deshalb gut an Süd- oder Westhängen oder in der Nähe von Mauern und Wänden. In den wärmeren Südalpen wächst er noch bis 1200 m Höhe. Trockener Boden bremst sein Wachstum, auf sehr nassem geht er ein. Wildformen tragen Dornen, die Baumschulen verkaufen meist dornenlose Sorten ('Holländische Riesenmispel').

Die 3–6 cm kleinen Früchte hängen fest am Baum. Die Ernte der harten, zunächst noch herb schmeckenden Mispeln beginnt nach dem Laubfall. Warm gelagert reifen sie nach, werden weich und bekommen ihr mild-süß-säuerliches Aroma. Gleiches geschieht, wenn »der Frost die Früchte am Baum beißt«, wie ein Bauernspruch sagt.

Die stärke-, pektin- und zuckerreichen Mispeln kann man roh essen oder sie zu Obstwein, Gelee, Kompott verarbeiten. Wegen ihres hohen Gerbstoffgehalts wurden sie früher zum »Schönen« von Obstsäften und Weinen aller Art verwendet.

Kornelkirsche
Cornus mas

Heute zwängt man sie mit anderen Gehölzen in eine Hecke, früher hatte sie ihren Platz im Obstgarten, wo schnittversessene Gärtner ihre Kunst an ihr erprobten.

Die Kornelkirsche, auch Dürlitze genannt, stammt aus dem Kaukasus, ist frosthart, robust und genügsam. Sie gedeiht in fast jedem Boden und auf jedem Standort. Sie bevorzugt kalkhaltige Erde, toleriert Trockenheit und Halbschatten.

Weil sie sehr früh austreibt, pflanzt man sie besser im Herbst. Je nach Witterung erscheinen die gelben Blütenkugeln ab Ende Februar oder im März, und sie sind im Nu mit zahlreichen Insekten besetzt, denn so früh im Jahr ist Nektar knapp. Wer Ende Januar einige Zweige schneidet und in eine Vase ins Zimmer stellt, wird dieses Blühwunder schon eher erleben.

Ab September reifen die dunkelroten Früchte, es existieren jedoch auch andere Farbvarianten (von weißgelb bis schwarz). Aus alten Obstbüchern weiß man, daß es früher großfrüchtige Kornelkirschen gab, während die Früchte heutiger Baumschulen meist nur eine Größe (2–3 cm lang) erreichen, die Vogelschnäbeln gerecht wird. Man pflückt die Büsche mehrmals durch oder schüttelt die »Kornellen« von den Zweigen. Die Vitamin C-reichen Früchte ergeben schmackhaftes Gelee, man kann sie mit Äpfeln oder Birnen zu Marmelade kochen, sie zu Saft pressen oder trocknen.

Kornelkirschen sehen hübsch aus und sind ausgesprochen gesund.

WILDOBST

Die Hundsrose darf in keiner Hecke fehlen.

Rosen
Rosa spec.

Hagebutten und Sanddornbeeren gelten als Multivitamin-Weltmeister. Sie wuchern mit so viel Vitamin C, daß selbst eine Zitrone vor Neid erblassen müßte, wenn sie nicht schon gelb wäre. Daneben enthalten die »Hiffen« oder »Hetschepetschen« sehr gesunde Stoffe wie beta-Carotin, Flavonoide, Fruchtsäuren, Pektine, Zucker und Gerbstoffe.

Erstaunlich wenig von dieser luft- und hitzeempfindlichen »Gesundheit« geht verloren, wenn man die getrockneten Früchte mit Teewasser übergießt oder die frischen zu Marmelade verarbeitet.

Lang anhaltender Regen vermindert den Vitamin C-Gehalt, ebenso Frost. Hagebutten sollen an einem warmen, vor Sonne geschützten Ort getrocknet werden. Da die Kerne und die sie umgebenden Härchen wenig bekömmlich sind, ist es besser, sie vor dem Verarbeiten zu entfernen. (Außer man möchte einen Bandwurm los werden – dagegen helfen die rohen Hagebutten mit Kernen.) Man hal-

WILDOBST

biert die Früchte und schabt Kerne sowie Haarfilz aus – eine nervtötende Arbeit, zu der man sich besser Helfer einlädt. Wer schon einmal Hagebuttenmarmelade gekostet hat, weiß, daß die Mühe lohnt.

Wildrosen gedeihen fast auf jedem Boden, Extremstandorte ausgeschlossen, sie mögen volle Sonne, trotzen jedem Frost und brauchen wenig Pflege. Auch bei Vögeln sind sie beliebt, die sich gerne in das dichte Gestrüpp flüchten oder dort nisten.

Pillnitzer Vitamin-Rose Pi Ro 3 (einzige Fruchtsorte, 1–2 m hoch, wenig starke Stacheln, sehr große, längliche, vitaminreiche Früchte)

Hundsrose, 'Rosa canina' (2–3 m hoch, bestachelt, längliche, bis 3 cm große Früchte)

Gallische Rose, 'R. gallica' (2–3 m hoch, große, duftende Blüten, kugelige, kirschrote Früchte)

Rotblättrige Rose, Hechtrose, 'R. glauca' (bis 3 m hoch, wenig bestachelt)

Schottische Zaunrose, Weinrose, 'R. rubiginosa' (1–3 m hoch, sehr stachelig)

Kartoffel-Rose, 'R. rugosa' (1–2 m hoch, sehr stachelig, treibt Ausläufer, neigt zum Verwildern, große, duftende Blüten, je nach Sorte weiß- oder rotblühend, sehr große Früchte)

Apfelrose, 'R. villosa' (bis 2 m hoch, große Früchte)

> Weil verwilderte Exemplare in den Dünen heimische Pflanzen verdrängen, ist die Kartoffelrose bei Botanikern unbeliebt. Gärtner dagegen mögen sie. Sie blüht lange und trägt große Früchte. Ob als Hecke oder Wandspalier gezogen: alte Triebe im Winter bis zum Boden entfernen. An den jungen wachsen die größten Hagebutten!

Sie gilt als die zäheste aller Rosen, die Kartoffelrose mit ihren großen Blüten und großen Hagebutten.

WILDOBST

Schwarzer Holunder

Sambucus nigra

Der Sage nach verdankt der Holunder seine duftend weißen Blütendolden Frau Holle, die ihre Betten über diesem Strauch besonders kräftig ausschüttelte. Er wird in manchen Gegenden Fliederbeerbusch genannt, nicht zu verwechseln mit dem Gemeinen Flieder ('Syringa vulgaris') oder dem Sommerflieder ('Buddleja davidii').

Auf guten Böden wächst er 5–7 m hoch, meist bleibt er viel niedriger. Neben den Wildformen führen die Baumschulen Sorten mit besonders guter Fruchtqualität. Für den Hausgarten eignet sich vor allem die Sorte 'Haschberg'.

Der Abstand zum Nachbarbaum sollte 3–4 m betragen. Die Wildform gedeiht auch problemlos in einer lockeren Hecke in enger Nachbarschaft mit anderen Gehölzen.

Blüte, Befruchtung

Die mehr als handtellergroßen Blütendolden öffnen sich erst im Juni, erfrieren also nie. Die Ernte wäre gesichert, wenn nicht gelegentlich naß-kalte Witterung zur Blütezeit einen Strich durch die Rechnung macht: Der Strauch wirft unzählige seiner Einzelblütchen und befruchtete Beeren ab, sie verrieseln. Je nach Herkunft, Sorte und Standort ist die Anfälligkeit unterschiedlich, wenig anfällig ist die Sorte 'Haschberg'. Die Blüten duften sehr intensiv, zu intensiv und leicht unangenehm für manche menschliche Nase, verlockend für viele summende und brummende Besucher. Holunder ist selbstfruchtbar.

Boden, Klima

Wo Holunder wild wächst, ist der Boden meist besonders üppig, vor allem stickstoffreich. Wegen dieser Vorliebe paßt er im Garten gut in die Nähe des Komposts. Außer auf extrem feuchten oder trockenen Böden wächst er an jedem Standort. Ob Schatten oder Sonne – er schlägt sich überall durch. Wer sich für Haschberg oder eine andere Frucht-Sorte entscheidet, sollte ihnen zumindest mittelmäßigen Boden und einen sonnigen bis halbsonnigen Standort bieten, damit die Erntekörbe voll werden.

Als heimisches Gehölz ist der Holunder frosthart und wächst noch in 1200 m Höhe.

Pflege

Pflanzung im Frühjahr oder Herbst. Braucht keine Pflege, wer ihm Gutes tun will, mulcht den Wurzelbereich und düngt ab und zu im Frühjahr mit Kompost.

Die Beeren mancher Wildformen neigen zum Verrieseln, außerdem reifen sie ungleichmäßig.

WILDOBST

Schnitt

Baumschulen verkaufen den Kulturholunder als Strauch oder Stämmchen. Bei der Stammversion müssen alle (Wild-)Triebe, die aus dem Boden oder dem Stamm kommen, entfernt werden. Je früher, desto besser, desto kleiner die Wunden. Nach der Ernte schneidet man die alten, abgeernteten Zweige aus sowie zu dicht stehende Neutriebe.

Trost für Schnitt-Faule: Auch vernachlässigte Sträucher bringen zumindest über einige Jahre noch befriedigende Erträge. Die Wildformen benötigen keinen Schnitt, außer man möchte sie aus Platzgründen in ihre Schranken verweisen.

Pflanzenschutz

Wilder Holunder leidet oft unter Viruskrankheiten. Obwohl er sich aus Stecklhölzern leicht ziehen läßt, sollte man virusfreie Sträucher in einer Obstbaumschule kaufen.

Holunderläuse: Kleine Kolonien mit den Fingern zerquetschen, Algenkalk oder Gesteinsmehl über die Läuse stäuben, stark verlauste Triebe ausschneiden.
Auf Wühlmäuse achten.
Die Beeren sind bei Vögeln beliebt – entweder teilen, rechtzeitig ernten oder mit engmaschigen Netzen abdecken.

Ernte, Verwertung

Die Früchte reifen im September. Man schneidet die Dolden mit der Schere ab. Vorsicht: Der Saft hinterläßt violettschwarze Flecken auf der Kleidung.

Wer die Beeren in größerer Menge roh ißt, muß mit Erbrechen und Durchfall rechnen. Schuld daran ist ein Inhaltsstoff (Sambunigrin), der durch Kochen zerstört wird. Mehr Genuß versprechen die verarbeiteten Früchte in Form von Gelee, Mus, Saft und Wein. Der Saft hilft wegen seines hohen Vitamin C- Gehalts und anderer wertvoller Inhaltsstoffe vorbeugend gegen Erkältungen. Holunderblüten-Tee gilt als schweißtreibend. Weitere Verwendung der Blüten: Hollersekt; in Pfannkuchenteig getauchte und in Fett ausgebackene Blütendolden. (Die Blüten wegen zahlreicher tierischer Besucher unbedingt gut waschen!)

Im Hollerbusch wohnen die Hausgeister, vermutete man früher und zog den Hut zum Gruß, wenn man vorüber ging.

Holunderpunsch

½ l Holundersaft, ½ l Rotwein, Nelken, Zimtstangen, Saft und Schale einer ungespritzten Zitrone, Zucker (nach Belieben), Saft und Gewürze einmal aufkochen, Zitrone und Rotwein zugeben, erhitzen (nicht kochen).
Alkoholfreie Version: Schwarzen Tee statt Rotwein verwenden.

WILDOBST

Sanddorn
Hippophae rhamnoides

Wegen seiner silbrigen Blätter und leuchtend orangen Beeren wird er zwar gerne gepflanzt, aber geerntet wird er selten. Die Früchte enthalten außerordentlich viel Vitamin C, das bei dieser Obstart auch Verarbeitung und Lagerung nahezu unbeschadet übersteht. Die Büsche wachsen eigenwillig sparrig. Sie passen gut in eine nicht allzu eng gepflanzte Hecke, stehen sie zu zweit oder zu dritt in einer Gruppe zusammen, setzen sie im Garten besondere Akzente.

Blüte, Befruchtung
Beim Sanddorn gibt es männliche und weibliche Pflanzen. Früchte entstehen nur, wenn mindestens ein männliches und ein weibliches Exemplar zusammen stehen. Wer mehrere weibliche pflanzt, kann (muß) mehr ernten. Die frostharten Blüten sind unscheinbar, da sie keine Insekten anlocken müssen, denn der Wind verbreitet den Pollen.

Boden, Klima
Auf einen hellen, sonnigen Platz legt Sanddorn Wert, dagegen wächst er auf nahezu jedem Boden. In seinen Wurzeln sitzen Strahlenpilze, die den reichlich vorhandenen Stickstoff aus der Luft fischen, während Pflanzen nur den im Boden gebundenen aufnehmen können, also auf Düngung angewiesen sind. Weil ihn seine Untermieter mit Stickstoff versorgen, kann er auch in sehr nährstoffarmen Böden überleben. Ein flaches, weitverzweigtes und damit effektives Wurzelsystem beschafft die restlichen Nährstoffe. Mit seiner Pfahlwurzel holt er sich das Wasser problemlos aus 3 m Tiefe. Er ist frosthart und wächst bis in Höhen von 1200 m.

Pflege, Schnitt
Während man bei anderen Gehölzen eher des Guten zu wenig tut, kann es beim Sanddorn passieren, daß man des Guten zuviel tut. Er braucht weder Düngung noch Schnitt,

Robustes Wildobst mit Zukunft: Die Beeren enthalten nicht nur außergewöhnlich viel Vitamin C, sondern noch einiges mehr an »gesunden« Inhaltsstoffen – mehr als andere Obstarten.

WILDOBST

keine gemulchte Baumscheibe, weder Gießen noch Hacken. Gerade mit Hacken oder Fräsen sollte man vorsichtig sein. Denn werden dabei die flach verlaufenden Wurzeln verletzt, bilden sich an diesen Stellen Triebe, die bald zu stattlichen Jungbüschen heranwachsen. Dies schadet zwar der Mutterpflanze nicht, aber viele Menschen legen Wert darauf, selbst zu bestimmen, was wo in ihrem Garten wächst.

Pflanzenschutz
Krankheiten und Schädlinge richten keinen Schaden an. Vögel holen sich im Winter die Beeren. Wer sie bis dahin nicht geerntet hat, ist selbst schuld.

Ernte, Verwertung
Die Beeren sitzen an kurzen Stielchen sehr fest am Ast und müssen deshalb mit der Schere abgeschnitten werden. Sie reifen je nach Sorte von August bis Oktober. Man kann sie roh essen, sie sind wegen des hohen Vitamin C-Gehalts sehr säuerlich und deshalb nicht jedermanns Geschmack. Zu Mus oder Marmelade verarbeitet, unter Milch, Quark oder Joghurt gemischt, schmeckt Sanddorn am besten. Neben Vitamin C enthält er Inhaltsstoffe, die antibakteriell und anticancerogen wirken, Bluthochdruck und Arterienverkalkung vorbeugen sowie bis zu einem gewissen Grad vor radioaktiver Strahlung schützen.

Sorten
'Hergo', 'Dorana', 'Frugana', 'Leikora'
Für den Hausgarten eignen sich besonders 'Dorana' (schwachwachsend, Strauch bleibt niedrig und bildet wenig Ausläufer, höchster Vitamin C-Gehalt, mittelgroße Beeren, dichter Behang, Früchte lassen sich relativ gut pflücken) und 'Leikora' (wächst stark, Pflanzabstand 1,5–2 m, reift spät, große, fest sitzende Beeren).

Schnelle Ernte: Schneiden Sie die dicht mit Beeren besetzten Zweige ab, und legen Sie diese in die Tiefkühltruhe. Die gefrorenen Beeren lassen sich leicht von den Zweigen abschlagen.
Keine Sorge wegen des Strauchs. Er verträgt den Schnitt sehr gut, treibt junge Triebe, an denen bald wieder viele tieforange Beeren sitzen.

WILDOBST

Apfelbeere
Aronia melanocarpa

Diese Obstart, auch Schwarze Eberesche genannt, stammt aus Nordamerika, wo sie in niederschlagsreichen Gebieten wild wächst. Ihre wie kleine, schwarze Äpfelchen aussehenden Früchte wurden von den Indianern gesammelt und waren im Winter willkommene Energie- und Vitaminspender.

Vor etwa 50 Jahren begann ihre europäische Karriere vom Zierstrauch zum Obstgehölz. Sowjetische Forscher hatten aus Kreuzungen großfrüchtige Typen ausgelesen, die durch extreme Frosthärte auffielen.

Blüte, Befruchtung

Die weißen bis zartrosa Blüten mit dekorativen, dunkelroten Staubbeuteln öffnen sich Mitte bis Ende Mai und werden trotz ihres etwas unangenehmen Geruchs von den Bienen gerne angeflogen. Die Apfelbeere ist selbstfruchtbar.

Boden, Klima

Sie stellt keine besonderen Ansprüche an Boden und Klima. Im Garten möchte der Strauch einen sonnigen Platz. Er wächst etwa 1–2 m hoch, der Pflanzabstand bei Sträuchern beträgt 1,5 m, bei Stammformen 2 m. Die Büsche bilden Wurzelausläufer und Bodentriebe, die später blühen und fruchten. Um diesen Austrieb anzuregen, werden sie eine Handbreit tiefer gesetzt als sie in der Baumschule standen. Bei den veredelten Stammformen muß die Veredlungstelle 10–15 cm über dem Erdboden bleiben.

Pflege

Wegen des flachen Wurzelsystems Boden mit Stroh oder Rindenmulch bedecken, besonders die Stammformen. Pflanzen auf mittelmäßigen Böden jährlich, auf guten in mehrjährigem Abstand im Februar oder März mit Kompost düngen. Die Früchte werden größer, wenn man sie während längerer Trockenheit öfters gießt. Die Apfelbeere ist ein anspruchsloser, robuster Strauch, der Vernachlässigung oder Pflegefehler kaum übel nimmt.

Rasche Ernte ist angesagt, sonst fallen die Beeren ab oder verschwinden in Vogelmägen.

WILDOBST

Blüten-Schönheiten warten auf Bienenbesuch.

Schnitt
Nach etwa fünf bis sechs Jahren sollte stark ausgelichtet werden. Alte Zweige schneidet man bei Büschen bis auf den Boden zurück, bei Stämmen bis zum Ansatz. (Wild-)Triebe aus Stamm oder Boden bei veredelten Stämmchen entfernen.

Pflanzenschutz
Krankheiten sind keine bekannt. Läuse, Rote Spinne, Frostspanner, Kirschblattwespe, Eberschenwickler und einige andere Tiere saugen und fressen an den Blättern, richten jedoch keine Schäden an.

Ernte, Verwertung
Die blauschwarzen Beeren sind knapp 1 cm groß, fest und reifen im August. Der Saft ist intensiv rot gefärbt (Vorsicht Flekken!). Die Früchte unbedingt rechtzeitig ernten, denn überreife fallen ab, außerdem bedienen sich Vögel gerne. Die Fruchtstände werden mit der Hand ausgebrochen und die Beeren zu Marmelade, Kompott, Gelee oder Saft verarbeitet – alleine oder zusammen mit anderen Früchten (Stachelbeeren, Johannisbeeren). Da Apfelbeerprodukte leicht verderben, sollte man diese regelmäßig kontrollieren und nicht länger als ein Jahr lagern. Die süß-herben Früchte sind roh genießbar, allerdings nicht sehr aromatisch. Sie enthalten neben viel Zucker und wenig Säuren verschiedene Vitamine, vor allem Vitamin C sowie Flavonoide, die Bluthochdruck und Arterienverkalkung vorbeugen sowie krebsauslösende Stoffe im Organismus abfangen.

Sorten
'Rubina', 'Nero', 'Aron', 'Viking', 'Sarina'

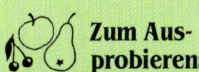

Zum Ausprobieren:
Die Apfelbeere ist eine anspruchslose Obstart, auch für rauhere Mittelgebirgslagen geeignet. Sie benötigt wenig Platz. Selbst nach der Ernte der bereiften, schwarzen Beeren noch dekorativ mit ihrer leuchtend roten Herbstfärbung.

WILDOBST

Süße Eberesche

Sorbus aucuparia
ssp. moravica

Mit Wildschweinen hat der Name nichts zu tun. Ursprünglich bedeutete er »Falsche Esche«, denn die gefiederten Blätter ähneln denen der echten Esche *(Fraxinus)*.
Der botanische Name »aucuparia« verrät, daß die Beeren als Köder benutzt wurden, um Vögel zu fangen. Wegen der reichlich enthaltenen Bitter- und Gerbstoffe sind die Früchte der Eberesche in größerer Menge roh ungenießbar, sie bewirken Erbrechen und Durchfall und wurden deshalb nur zu Heilzwecken verwendet. In der Natur fanden sich gelegentlich Bäume mit bitterstoffarmen Früchten, und von ihnen stammen unsere heutigen Kulturformen ab. Edel-Eberesche, Süße oder Mährische Eberesche genannt (nach dem Fundort eines jener Exemplare). Sie benötigen zwei bis drei Meter Abstand zum Nachbargehölz, in einer lockeren Hecke darf enger gepflanzt werden. Mit ihren attraktiven Blüten und Früchten wirken einzeln stehende Ebereschen besonders dekorativ.

Blüte, Befruchtung

Ebereschen sind selbstfruchtbar, ihre weißen, duftenden Blütendolden öffnen sich im Mai, nachdem die Frostgefahr vorüber ist, und locken viele Insekten an. In warmen Regionen blühen die Bäume ein zweitesmal im August, diese Früchte reifen jedoch nicht mehr aus.

Boden, Klima

Die Bäume sind genügsam in ihren Ansprüchen an Boden und Klima. Auf leichten Böden fühlen sie sich wohler als auf schweren, staunassen. Ihre Wurzeln arbeiten sehr effektiv bei der Nährstoff-Beschaffung, es heißt deshalb, daß sie den Boden auslaugen. Selbst in rauheren Lagen (bis 700 m) tragen Ebereschen reichlich und regelmäßig.
Temperaturen bis −30 °C überstehen sie schadlos. Hitze und vor allem Trockenheit (Weinbauklima) sagen ihnen nur in

Nur die bitterstofffreien Früchte der Süßen oder Mährischen Eberesche sind genießbar. Sie ergeben schmackhaftes Gelee oder Kompott.

WILDOBST

Maßen zu, feucht-kühlere Bedingungen dagegen behagen ihnen. Wo andere Obstarten schlecht gedeihen, wird die Eberesche Sie nicht enttäuschen.

Pflege, Schnitt

Einmal gepflanzt beschränkt sich die Arbeit auf das Ernten. Düngen erübrigt sich, denn zu üppig genährte Bäume wachsen wie die Weltmeister, tragen aber nicht mehr Früchte, im ungünstigsten Fall sogar weniger. Wer Ihnen Gutes tun will, mulcht die Baumscheibe. Ebereschen bilden schmale, schlanke Bäume, deren Äste man von Jugend an durch Herunterbinden daran hindern sollte zu steil in den Himmel zu wachsen. Geringfügigen Schnitt tolerieren sie, rückt man stärkeren, älteren Ästen mit Schere oder Säge massiver zu Leibe, tut man weder sich noch dem Baum etwas Gutes, denn größere Wunden verheilen schlecht und aus der Unterlage wachsen unerwünschte Triebe. Statt durch Schneiden sollte man versuchen, das Wachstum durch Flachstellen der Äste behutsam bremsen.

Ernte, Verwertung

Wenn man ihnen nicht zuvorkommt und rechtzeitig erntet, holen sich Vögel die Beeren. Sie mögen sie süßen und größeren Früchte der Edel-Ebereschen lieber als die gerbstoffreichen kleineren der ungezähmten.
Ab August leuchten die zunächst orangeroten Beeren tiefrot. Zu dieser Zeit enthalten sie besonders viel Vitamin C, dessen Gehalt bis Ende September abnimmt, während die Zucker-Konzentration steigt. Außer Zucker und Vitamin C bieten die Früchte Pektine, Carotinoide, Sorbit sowie reichlich Mineralstoffe wie Kalium, Magnesium, Calcium, Eisen, Phosphor.
Wer die Früchte zu Saft, Gelee oder Marmelade verarbeitet, sollte bereits im August ernten. Ebereschen-Kompott, -Sirup (schmeckt gut zu Eis, Pudding süßen Aufläufen!) oder -Rosinen bereitet man Ende September, Anfang Oktober aus den zuckerreicheren Früchten.

Sorten

Die Baumschulen bieten sie meist als Süße oder Mährische Eberesche an. Seltener findet man Sorten wie 'Rosina' oder die ebenfalls großfrüchtigen und vitaminreichen Ebereschen-Kreuzungen.

TOPFOBST

Obst in Töpfen und Kübeln

»Balkon- und Terrassenfrüchte«

Wer mit Oleander, Engelstrompete und Fuchsie zurecht kommt, der wird auch mit Apfel, Kirsche oder Pfirsich kein Fiasko erleben. Ist damit doch schon bewiesen, daß man die Pflanzen weder verhungern noch verdursten läßt.

Von Walnüssen und den sparrigen, ungezähmten Wildobstarten einmal abgesehen, wächst fast jedes Obst in einem Topf oder Kübel: Apfel, Birne, Kirsche, Pfirsich, Aprikose, Wein, Brombeere (die aufrecht wachsende Sorte 'Wilsons Frühe'), Johannisbeere, Stachelbeere (Stämmchen), Himbeere, Erdbeere. Egal für welche Apfel-, Birnen- oder Kirschsorte Sie sich entscheiden, eine kleinwüchsige auf schwachwachsender Unterlage muß es sein! Topfobst braucht mehr Pflege, trägt verständlicherweise weniger als große Bäume und wird längst nicht so alt wie diese, dafür machen einem selten Krankheiten, Schädlinge oder Frost die Ernte zunichte. Man kann rechtzeitig Gegenmaßnahmen ergreifen. Außerdem gedeihen im Kübel heikle Obstarten und -sorten, die in rauherem Klima schnell das Fruchten oder sogar den Geist aufgeben, so zum Beispiel Pfirsich, Weintraube und Feige, die empfindlichen Birnensorten 'Williams Christ' und 'Vereinsdechant' oder der 'Weiße Wintercalvill'-Apfel.

Das streng geformte Apfelspalier beansprucht wenig mehr Platz als die Schönmalve mit ihren gelben Blütenglocken.

TOPFOBST

Droht den Blüten Frost, deckt man das Bäumchen einfach ab oder holt es über Nacht kurzerhand in einen geschützten Raum. Bleiben Bienen und Hummeln wegen der Kälte weg, pinselt man eigenhändig über die Blüten und erledigt die Bestäubung. Von Apfel, Birne und Kirsche braucht man mindestens zwei Sorten, die sich gegenseitig befruchten.

Ob Tontopf, Holzkasten oder Kübel – die Gefäße müssen groß genug sein. Für den Anfang genügt ein Topf mit einem Volumen von fünf bis sechs Litern. Ausgewachsene Bäume beanspruchen einen Wurzelraum von sechzig bis achzig Litern. Für die meisten Obstarten eignet sich lehmighumose Erde, hergestellt aus Gartenerde und Kompost. Wer weder Garten noch Kompost besitzt, muß auf gekaufte Erde zurückgreifen. Man mischt einen organischen Handels-Dünger (Hornspäne, getrockneter Mist) unter die Erde, der sich langsam zersetzt und seine Nährstoffe nach und nach frei gibt. Eine Handvoll Gesteinsmehl liefert Spurenelemente. Während der Wachstumszeit (bis August) sind ältere, nicht umgetopfte Bäume für eine monatliche Düngung mit verdünnter Beinwell- oder Brennesseljauche dankbar. Pflanzen nicht durch jährliches Umtopfen stören!

Zwei Fliegen mit einer Klappe schlägt, wer seine Kübelpflanzen den Sommer über mulcht. Dies erfordert von vornherein

Wenn der Topf groß genug ist, tolerieren Obstbäume blühende Untermieter oder eine Mulchschicht aus duftenden Kräutern.

einen größeren Topf. Die Erde wird nur bis zu einer Handbreit unter dem Topfrand eingefüllt, damit der Mulch genügend Platz hat. Für diese Zwecke eignet sich frisch geschnittener Beinwell, Liebstöckel, Zitronenmelisse und sonstiges leicht »verdauliches« Kraut, das jeweils mit etwas Gesteinsmehl eingepudert wird. Gemulchte Pflanzen benötigen weniger Wasser, die Erde darunter ist gleichmäßig locker und feucht, die Nährstoffe gut verfügbar, so wie die Wurzeln dies lieben. Man erspart sich dadurch zusätzliche Düngung.

Regelmäßiges Gießen ist selbstverständlich, am besten mit kalkarmem Regenwasser, wahlweise mit abgekochtem oder zumindest abgestandenem Wasser. Überschüssiges, stehendes Wasser muß aus dem Untersetzer entfernt werden, um Wurzelfäulnis zu vermeiden.

Die meisten Topf-Obstarten brauchen regelmäßigen Schnitt, alte Zweige entfernen, überflüssige auslichten, fruchtende Triebe entspitzen, um die Belichtung zu erhöhen. Spätestens nach drei Jahren haben in der Regel Kübel-Apfel oder -Pfirsich ihren Besitzer entsprechend erzogen, und er weiß, wie er zu schneiden hat, wenn er ernten möchte.

So wenig Frost den meisten unserer heimischen Obstarten ausmacht, wenn sie im Garten stehen, ein Pflanzgefäß ist schnell durchgefroren und mit ihm die Wurzeln. Wer die Möglichkeit hat, überwintert seine Pfleglinge in einem hellen, kalten, frostfreien Raum oder gräbt die Töpfe in den Gartenboden ein und deckt den Wurzelbereich ab. Dicht in einer Balkonecke zusammen geschoben und mit Schilfmatten oder ähnlichem geschützt, übersteht das Kübelobst ebenfalls den Winter.

> Kübelpflanzen sind auf Gedeih und Verderb ihrem Gärtner, ihrer Gärtnerin ausgeliefert – gute Pflege ist Ehrensache.

TOPFOBST

Ballerinas tanzen auf

Einer Laune der Natur verdanken die Ballerina-Apfelbäume ihre Entstehung. Anders als »normale« Bäume, die unermüdlich Zweige nach rechts, links schieben und hoch hinaus wollen, beschränken sich die Ballerinas beim Wachsen auf das Nötigste: ein Stamm und Mini-Triebe (Fruchtspieße), an denen Blüten und Früchte eng angeschmiegt sitzen. Mehr als 30 cm Durchmesser und eine Höhe von 3–4 m erreichen die Bäume nicht. Der Abstand zwischen den einzelnen Pflanzen muß mindestens 60 cm betragen. Da die vier Ballerina-Sorten nur teilweise selbstfruchtbar sind, ist es besser, zwei oder mehr dieser Sorten zusammenzupflanzen, damit sie sich gegenseitig befruchten. Falls andere Apfelbäume in der Nähe stehen, können diese als Pollenspender dienen, vorausgesetzt sie blühen gleichzeitig. Wo mildes Klima herrscht, sollte man im Herbst pflanzen, in den anderen Gegenden empfiehlt sich das Frühjahr.

Ballerinas brauchen keinen Schnitt. Gelegentlich treibende Seitenäste schneidet man im Winter bis auf einen Aststummel mit 2 bis 3 Knospen zurück.

Frost ertragen die Minibäume ohne Schaden. Wer die als Topfware (teuer!) verkauften Bäumchen nicht auspflanzt, sondern sie im Garten, auf Balkon oder Terrasse aufstellt, sollte die Töpfe den Winter über in den Boden eingraben und/oder mit Strohmulch schützen. Im Frühjahr erhalten die ausgepflanzten Ballerinas eine Kompostdüngung, die anderen einen größeren Topf (25–80 Liter je nach Baumalter) mit frischer Komposterde.

Sonstige Pflege: die Baumscheibe mulchen sowie regelmäßig gießen, vor allem die Topfbäume. Vorbeugend mit Schachtelhalm-Tee oder Staudenknöterich-Extrakt (im Fachhandel) gegen Mehltaupilze spritzen.

Für Balkongärtner, Liebhaber und Sammler von grünen Kuriositäten. Alle anderen, die einen Garten und Platz haben, sollten sich ein paar Schnittregeln aneignen und zwei »richtige« Apfelbäume kaufen. Das schont den Geldbeutel und die Augen, die an zweigige Bäume gewöhnt sind und nicht an apfelbehangene Stecken in der Landschaft.

Sorten

'Bolero'
Blüte Anfang bis Mitte Mai, weiß-rosa; grüne Frucht mit gelbem Schimmer; saftig-frisch; Ernte Anfang bis Mitte September, für den Frischverzehr, kein Lagerapfel;

'Polka'
Blüte Anfang bis Mitte Mai, intensiv rosa bis weiß; rot-grüner

Klein, kleiner, am kleinsten: Niedrigere und schmalere Apfelbäume gibt es nicht.

TOPFOBST

Apfel, guter Geschmack; Ernte ab Ende September, für den Frischverzehr, kein Lagerapfel; 'Waltz'
Blüte Anfang bis Mitte Mai, violettrot bis weiß; dunkelrot-grüner Apfel, süß-saftig; Ernte ab Ende September, Lagerapfel; 'Maypole'
Zierapfel; Blüte Anfang bis Mitte Mai, karminrot; die roten Zieräpfel reifen im September und ergeben ein fruchtiges Gelee; Sie ist die wüchsigste der vier Sorten und neigt dazu, mehrere Triebspitzen zu bilden, von denen alle bis auf eine entfernt werden.

Ballerinas haben nichts anderes zu tun, sie fruchten schon in der Baumschule. Andere Obstgehölze, vor allem viele der unveredelten Wildobstarten, lassen sich 3–6 Jahre Zeit damit. Sie investieren ihre gesamte Energie zunächst in Wurzel- und Triebbildung und kommen erst mit den Jahren mehr und mehr in Blühstimmung. Wenn Obstbäume im Sommer nach der Pflanzung Früchte tragen, entfernen umsichtige Gärtner diese möglichst schnell. Der Baum soll anwachsen und sich nicht im Fruchten erschöpfen. Also gut, genehmigt: Ein, zwei Früchte dürfen Sie hängen lassen – zum Probieren!

REGISTER

A
Abspreizen 24
Abstützen 31
Alternanz **38**
Apfel **38**
Apfel-Unterlagen 40
Apfelbeere **90**
Apfelwickler **41**
Aprikose **33**
Äste 15, 31
Ausdünnen **15**

B
Baldrianblüten-Extrakt 48
Ballerina-Apfel **96**
Baumformen 9
Baumkauf 8
Baumscheibe **12**
Baumschnitt **15**
Baumwachs 15
Befruchtung 17
Beinwell 59
beta-Carotin 35, 84
Birne **46**
Birnengitterrost **49**
Blasenlaus 60
Blattfallkrankheit 64
Bluten 76
Blütenfrost **14**
Bluthasel 81
Blutläuse 43
Blutlauszehrwespe 43
Boden 7
Brikettasche 14
Brombeeren **70**

C
Chlorose 47
Container 9, 75

D
Duftstoffe 41
Düngen **13**

E
Eberesche **92**
Echter Mehltau 19, 73
Edel-Eberesche 92
Eisen 76
Eisenchlorose 52
Eisenversorgung 52
Erdbeere **54**
Erzwespen 20

F
Fallobst 41
Falscher Mehltau 73
Fanggürtel 41
Felsenbirne 82
Flavonoide 35, 84
Fliederbeerbusch 86
Florfliegen 20
'Florika' **55**
Frigopflanzen 54
Frost 35, 48, 95
Fruchtfolge 21
Fruchtsäuren 7

G
Gallmilben 18, 60
Gallmücken 20
gelbe Leimtafeln 25
Gelber Strahlengriffel 77
Gesteinsmehle 14
Gießen **14**
'Gisela' 22
Glasflügler 18, 60
Gründüngung **11**, 74
'Grüne Kugel' 19
Gummifluß 26

H
Haselnuß **78**
Haselnußbohrer **80**
Hecke 15, 59
Heckenkirsche 24
Heidelbeere **57**
Herunterbinden 15, 24, 39
Himbeere **66**
Himbeerkäfer 68
Holunder **86**
Holunderlaus 87
Holunderpunsch 87

Holzasche 14, 59
Hornspäne 14

I
'Invicta' 19

J
Japanische Weinbeere **69**
Japanische Wollmispel 82
Japanische Zierquitte 53
Johannisbeere 18, **58**
Jostabeere **65**
Junifruchtfall 15, **38**

REGISTER

K
Kalium 59
Kalium-Mangel 59
Kalk 48
Kalkboden 76
kalkhaltiger Standort 52
Kapuzinerkresse 26
Kirschfruchtfliege **24**
Kiwi **74**
Kleiner Frostspanner 43
Knochenmehl 59
Kornelkirsche **83**
Kräuselkrankheit 36

L
Lambertnuß 81
Laufkäfer 20
Läuse 53
Leimringe 26
Lockfallen 41
Loganbeere **69**

M
Mährische Eberesche 92
'Maiherzog' 19
Marienkäfer 19
Marillen 33
Meerrettich 29
Mehltau 18, 40, **43**, 60
Mirabelle **30**
Mispel **82**
Monilia 18, **29**, 35, 37, 52
Mulch **12**

N
Narrenkrankheit 31
Nektarine **35**
Netze 25, 35, 55
Nisthilfen 41
Nützlinge **19**, **20**, 25, 43, 71

O
Obstbaumschule 8

P
Pfirsich **35**
Pflanzabstände 16
Pflanzenschutz **18**
Pflanzloch 11
Pflanztermin **10**
Pflanzung **11**
Pflaume **30**, 32
Pflaumenwickler **31**
Pheromone 32
'Pilot' 18
'Pinova' 19
Platzen 24
Preiselbeere **56**

Q
Quitte **52**

R
Raubmilben 20
Raubwanzen 20
Regenwürmer 43
Reneklode **30**, 32
Rindenwickler 26
'Rolanda' 19
Rosa Strahlengriffel 77
Rosen **84**
Röteln 24
Rotpustelkrankheit 18, 60
Ruß 14
Rußtau 26
Rutenkrankheit 68

S
Sambunigrin 87
Sanddorn **88**
Sauerkirsche **28**
Säulenrost 59
Scharkavirus 31
Schlupfwespen 20
Schmetterlingsraupen 53
Schorf **42**, 49
Schorfpilz 19
Schutzanstrich 18
Schwarze Eberesche 90
Schwarze Kirschenblattlaus 25
Schwebfliegen 19
Sonnenbrand 64
Spalier 15, 36
Spätfröste 15, 58
Spindel 15
Spinnen 20
Spinnmilben 55
Stachelbeer-Mehltau **63**
Stachelbeere **62**
Stammschutz 24, 40
Stammschutzmittel 32
Staunässe 35
Steinzellen 48, 53
Süße Eberesche 92
Süßkirsche **22**

T
Taschenkrankheit 31
Taybeere **69**
Topfkultur 68
Topfobst **94**
Torf 57
Trockenheit 52

U
Überdüngung 24
Unterlage 22, 94
UV-Strahlen 35

V
Valsa 26
veredeln 46
Verletzungen 35
Verrieseln 59, 72
Viren 31
Virus 68, 87
Vitamin A 35
Vitamin C 35, 88
Vögel 60, 73

W
'Weiki' 77
Weintraube **72**
'Weiroot' 22
Weißdorn 82
Wellpappe 32, 41
Wespen 73
Wühlmäuse 87

Z
Zehrwespe 43
Zellernuß 81
Zieräpfel 38
Zierquitte 53
Zwergmispel 82
Zwetschge **30**, 32

99

Praxistips für den kleinen Obstgarten

BLV Gartenberater
Martin Stangl
Freude und Erfolg im eigenen Obstgarten
Erfolgreicher Anbau von Kern-, Stein- und Beerenobst sowie von Nüssen: allgemeines Praxiswissen wie z. B. über Schnitt und Veredelung, spezielle Anleitungen für die einzelnen Arten.
207 Seiten, 141 Farbfotos, 42 s/w-Fotos, 24 Zeichnungen

BLV Gartenberater
Werner Funke
Der Obstgehölzschnitt
Obstbäume und Beerensträucher zweckmäßig schneiden und erziehen: Kronenentwicklungen, Kronenorgane und -formen, Schnitt- und Kulturmaßnahmen, Wundpflege, Schnittwerkzeuge.
183 Seiten, 84 Farbfotos, 283 s/w-Fotos

Gärtnern leicht und richtig
Martin Stangl
Obstbäume schneiden und veredeln
Die wichtigsten Grundlagen des Obstbaumschnitts praxisnah und leicht verständlich; Gesetzmäßigkeiten des Schnitts, Äste und Zweige, Schnittwerkzeuge; Richtig veredeln.
100 Seiten, 137 Farbfotos, 21 farbige Zeichnungen

BLV Gartenberater
Elisabeth Schmitt/
Karlheinz Jacobi
Der Garten im Jahreslauf
Der praktische Gartenkalender mit Informationen über die monatlichen Arbeiten im Gemüse-, Obst- und Ziergarten, über Rasen, Balkon- und Kübelpflanzen, Geräte und Zubehör.
191 Seiten, 85 Farbfotos, 58 s/w-Fotos, 20 Zeichnungen

Garten-Erlebnis
Viktoria-Luise Kannenberg-Beyer
Kleiner Garten gut in Form
Leicht nachvollziehbare Anregungen für kleine Gärten: Gartenklima, Boden, Planung, Gestaltung, viele Gartenpläne zum Nachgestalten.
111 Seiten, 60 Farbfotos, 80 farbige Zeichnungen

Marie-Luise Kreuter
Pflanzenschutz im Bio-Garten
Handbuch über den naturgemäßen Pflanzenschutz mit Porträts von Schädlingen und Krankheiten sowie Nützlingen; Lebenskreisläufe im Garten; Methoden der Vorbeugung und der biologischen Abwehr; Tabellenteil mit Obst-, Gemüse- und Zierpflanzen, ihren Ansprüchen und typischen Schädlingen bzw. Krankheiten.

In unserem Verlagsprogramm finden Sie Bücher zu folgenden Sachgebieten:
Garten und Zimmerpflanzen • Natur • Heimtiere • Angeln • Jagd • Reise • Sport und Fitness • Wandern, Bergsteigen, Alpinismus • Pferde und Reiten • Auto und Motorrad • Gesundheit, Wohlbefinden, Medizin • Essen und Trinken

Wünschen Sie Informationen, so schreiben Sie bitte an:
BLV Verlagsgesellschaft mbH • Postfach 40 03 20 • 8000 München 40
Telefon 089/12705-0 • Telefax 089/12705-547